U0037484

大旗出版
BANNER PUBLISHING

大 旗 出 版
BANNER PUBLISHING

紐西蘭奇異國

New Zealand

瑰麗的奇景，
只是誘人發出驚嘆聲的起點……

蕭瑤·著

New Zealand

前言

我看到展拓無際的大草原，成千上萬的牛羊奔跑。
遼闊無邊的汪洋，帆影點點穿梭。
冰川峽谷的壯麗景緻，讓人有探險的渴望。
夢裡也常聽見嘹亮的歌聲，迴盪整個青山翠谷。
漆黑如墨的鐘孔洞穴裡，有一群打藍燈的貴客。
柔軟的純白色雲朵，悠閒地在白雲的故鄉鳥瞰世界。
漫步在畫家的想像裡，像幻燈片一樣一幕幕撥放。

紐西蘭，在地圖上彷彿海上孤立的仙島，號稱最後一塊淨土，她僅與澳洲為鄰相伴，這塊沒有毒蛇、害蟲的土地，警察不配槍的國家，承載著數以萬計人口的移民夢。

紐西蘭之行的計畫，就這麼成形，在18年來最冷的冬季時分成行，台北5度低溫，紐西蘭正值盛夏，我樂得卸下厚重的大衣，擁抱得天獨厚的自然光景。

目録 C O N T E N T S

旅遊篇
travel

NewZealand
初見紐西蘭

我用冷漠的備戰語氣問他：「你想做什麼？為什麼跟著我？」

　　有數次出國旅遊的經驗，卻是第一次被亂流嚇得魂不附體，每次亂流一來，總是搖晃半個小時才停，無法進食也無法入眠，更不用說上洗手間了，那種感覺，就像是被一條細繩吊在半空中，來回上下擺盪，搖搖欲墜，好不容易平安降落在奧克蘭國際機場，卻因一夜無眠而頭痛欲裂。

　　我拖著笨重的行李，與眾乘客排隊等著過海關。

　　紐西蘭以農立國，為了防止動植物污染問題，嚴禁旅客在未經申報下，攜帶食品、動植物製品入關，若存有僥倖心態「偷渡」，被查到就是先罰200元紐幣，還見到安檢人員牽著穿上制服的小狗巡邏，紐西蘭政府為了維持「人間淨土」，不得不嚴格把關。

　　奧克蘭機場的中文廣告看板，讓我大嘆，果真「四海都有中國人」，機場的咖啡廳賓客滿座，原本想趁轉機的空檔吃些點心，但已經沒有我的位置了。冷不防有人叫住我，我警覺心立起，難道是遇上騙子或小偷？我揹起行李不予理會，

空中鳥瞰奧克蘭全景。

混入人群中，誰知這位仁兄竟如影隨形跟了過來，我更加肯定他的不良企圖，顯然看我是單身女子「年幼可欺」，但我決定面對現實，機場人這麼多，我幹嘛要怕他？

我用冷漠的備戰語氣問他：「你想做什麼？為什麼跟著我？」

這老兄指了指不遠處的地上：「妳東西掉了啦！」

我順著他的手指看去，轉頭的同時，也把隨身行李緊緊夾著，不讓他有行搶行竊的機會。

我看到幾張白紙散落在地上，果真是我的重要文件，計有紐西蘭旅遊需知、護照影本，以及奧克蘭機場指南，這麼重要的東西，怎麼會掉出來了？我對紐西蘭尚未熟悉，這些資料對我來說很重要，我萬分慚愧地將文件收好。一個好心人，卻被我誤認為是壞蛋，我不斷地向他道歉和致謝，或許是社會新聞看多了，見到陌生人，就先把他當成壞人，雖然已事過境遷，或許他老兄早忘了這件事，但每每想起他，還是有著內疚。

　　我必須到國內機場搭乘國內線班機到內皮爾，才出了門口，就有一位中年婦女迎了上來，問我需不需要幫忙，望著她誠懇的笑容，我只好將錯就錯，說自己不知道怎麼去國內機場，她很熱心地指點我機場巴士的停駐地點，還特別提醒我，來往國際、國內機場的接駁車是免費搭乘的。

　　還沒融入紐西蘭的生活，我已體會到，為什麼很多人都說，紐西蘭人天性質樸，直來直往沒有心機，幾乎把每個人都當成好人，更深深感受到他們有一種傻得可愛的熱情。

　　飛往內皮爾的國內線班機的機型小，一個半小時的旅程都是在亂流中渡過，整個機身像是隨時會翻轉般，一點也沒有穩定下來的跡象，但我旁邊的那位男士，竟然能面帶微笑地看小說，絲毫不受亂流影響，還慢條斯理地提醒我，如果不用餐的話，要把餐桌收好，才不會危險，說完，又投入到小說的情節裡。

　　在搖晃得這麼厲害的飛機上，我覺得腸胃不適，幾乎要把午餐給嘔了出來，他還能把小說的內容看得津津有味，我在心中說著──紐西蘭人，你真行。

　　後來，我認識了一位60歲的日本「歐巴桑」，她最喜歡搭搖晃的小飛機，讓她感覺輕飄飄的，好像在跳舞，甚至還可以減肥。

　　出國前，我決定避開被亞洲人占滿的大都市奧克蘭，選

擇依山傍水的內皮爾郊區為落腳處，但一到達住宿地點，我就「後悔」了，因為四周都是住家，只有一些小雜貨店，根本看不到超市，以後要怎麼生活？不會來到一個鳥不生蛋的地方吧？

我去領取早在兩星期前就寄來紐西蘭的2箱生活用品，竟然還沒寄到，紐西蘭是個腳步悠閒的國家，怎麼連郵政制度都這麼「悠閒」？

在辦公室人員的帶領下，我才知道我的所在區域叫做「Taradale」，位在霍克灣區，就在雙子城「哈士汀斯」與「內皮爾」市區之間，以產葡萄酒聞名。「Taradale」的市中心位在我的宿舍15分鐘的路程，商店、銀行、超市、郵局、髮廊都在那裡。雖然這裡不是鳥不生蛋，但和台灣相比，便利性還是差太多了，難怪這裡的居民都有車代步，若是真的不願花錢買私用轎車，至少還會買輛腳踏車。

第一次走進宿舍，裡面有4個印度男生出來歡迎我，我的

驚人美景近在咫尺。

震驚非同小可，因為在台灣，男女生宿舍都是分開的，何況是住在同一個屋簷下，那簡直是不可能。後來我向辦公室和紐西蘭當地人談起這件事，他們感到很不可思議，說我太過大驚小怪，也有人認為我是個「思想無趣」的人，因為男女同住在同一個宿舍是很平常的事，就連在青年旅館或Backpackers，男女還有可能同睡一房呢！

　　文化的差異，如果不能入境隨俗立即適應，想融入當地的生活，就需要一段時間調整心態了。

　　久聞紐西蘭醉人的風光，剛到的時候，並沒有太大的感覺，因為——什麼都沒有看到。

　　沒看到牛羊，沒看到草原，沒看到汪洋，沒看到峽灣，沒看到溪谷……，觸目可及，盡是花園平房的住家。

　　其實，讓視線轉一個彎，紐西蘭的美景，就會突然跳出來，讓人措手不及，信不信？

紐西蘭奇異國

Greymouth
葛雷矛斯
■淘金小鎮

喜歡旅遊的人，不應該老是說再見，對人與人之間的聚散也
該看開。

「怎麼這麼荒涼？」這是我來到葛雷矛斯（Greymouth）
的第一個直覺。

葛雷矛斯是南島西部大城，想不到人煙如此稀少，嗅不
到已開發城市的味道，彷彿還在呼呼大睡。我和結伴而行的
日本朋友櫻井智惠繞到小巷子裡，看看有什麼新大陸。這條
巷子內是個住宅區，與土城工業區非常相像，甚至更為簡
陋，差點讓我笑壞了。原來，號稱世外桃源的紐西蘭，也有
這麼狼狽的地方。

葛雷矛斯有一條Grey river，河如其名，灰灰暗暗深不
見底，河面泛著氤氳冰涼的水氣，景緻不算很美，倒也清幽
雅緻。山巒雖然環繞河岸，卻沒有千姿百態的活潑感，反而
覺得寂寞；臨河而居的幾戶人家，也讓人懷疑──裡面到底
有沒有人住？坐在河岸上，愈覺得葛雷矛斯像個廢城，於
是，我黯然離開了。

走遠了，忍不住回頭看看這條被我打從心裡否定的河

流，河面靜得只有水波紋，連條小船都沒有。一隻孤鳥越過灰色小河，飛向深山，不起眼的身影瞬間隱沒。

我和智惠來到預定的旅館，這家旅社外觀平凡，卻是建於1873年的歷史老店，也是全紐西蘭第一家提供免費啤酒的平價旅館。旅社的櫃檯對面有一個略嫌破舊、半開半掩的小門，耐不住好奇心，我推開了那扇門，原來裡面是一個很小的酒吧，還有撞球及點歌設備，2、3名房客正在跳舞狂歡。

有兩個小女孩跟在我和智惠身後進了酒吧，她們一直對我們傻笑，這兩個小女孩與正統紐西蘭人長得不太一樣，她們的皮膚較黑，眼睛深邃，應該是毛利人的孩子。我一直很喜歡跟小孩子玩，向她們揮揮手，她們才走過來，問我們要不要玩飛鏢，我和智惠兩個糊塗蛋，剛進來的時候還以為牆

仙蒂鎮的古老火車。

仙蒂鎮的古老火車。

上的射盤只是裝飾品。

　　我不好意思告訴她們，長這麼大第一次射飛鏢，但我射飛鏢的身手卻讓他們驚艷不已，或許是玩得太開心了，我們射飛鏢的力道愈來愈大，竟然射壞了3枝，但老闆一點也不在意，還在旁邊鼓動我們繼續射，全部射壞了可以再向他拿。

　　我射中紅心的次數最多，這對小姊妹說要點歌送給我，因為點歌要花錢，我請她們不要破費。但她們實在太熱心了，直接投幣，點了一首「Shut Up」給我，還跳舞助興，恭喜她們口中的「Winner」。這兩個單純的小姊妹對陌生人一點防心都沒有，或者是我和智惠看起來太「善良」？

　　第二天早上，我和智惠又在餐廳碰到她們，她們請我和

仙蒂鎮的淘金
活動。

智惠享用早餐，還說桌上的培根、麥片、土司、荷包蛋等，
都可以拿去吃，但我知道這是旅行社為她們準備的，果然，
一個身材微胖，還穿著廚房圍裙的婦人探出頭來對我和智惠
說：「早餐只給參加旅行團的人享用，並不是旅館提供給房
客的。」

　　小姊妹得知我和智惠要到仙蒂鎮（Shanty Town），大力
拍手說她們昨天已經去過了，強力推薦我們去，又熱心的拿
出票根給我們做參考。我好奇地問她們今天要去哪裡？兩個
人都搖搖頭說不知道，因為她們只跟著旅行團走。

　　等我傍晚回到旅館，小姊妹已經離開這間旅社，雖然彼
此沒有說再見，但我相信自己不會忘記她們，或許，喜歡旅
遊的人不應該老是說再見，對人與人之間的聚散也該看開
些，只要曾經相處愉快，就該心懷感恩。

　　仙蒂鎮已被規劃為觀光區，進入前要先去辦公室買票。

來到仙蒂鎮，不妨抱著探訪古蹟的心態，因為仙蒂鎮非常小，小到可以不費吹灰之力地走玩，鎮內的建築物也不漂亮，由於年代久遠，看得出修葺多次的痕跡。

這天沒有活動，原本不起眼的小城更顯得冷清，好像被遺忘而孤立了。

進城的第一件事，就是搭蒸汽火車。聽導覽人員說，這種火車是由英國引進的古式車種，提到英國，我的心就更加歡愉了，雖然短時間沒辦法再回英國，望梅止渴一下也不錯；車子的內部十分老舊，座椅是兩條長排，車子開動的時候，還會發出笨重的聲響。

火車領著乘客穿過茂密的叢林，有時則會停下來讓旅客拍照。我和智惠決定在淘金的地點下車。仙蒂鎮是十九世紀的淘金小鎮，但現在已經不需要到小河邊淘金，而是到一個特別規劃的淘金區，依服務人員的指示，用過濾的原理由沙石中找出碎金片，因為金子很重，無法一直混在細沙中，我們拿著鐵盤旋轉，不久都把金子給濾了出來，放在小瓶中帶回家留念。我和智惠還拿著小瓶比較誰富有呢！

時近中午，覺得仙蒂鎮漸漸活絡了起來，餐館、茶館、蜂窩店、郵局、藝品店等陸續開放，最特別的是，在仙蒂鎮的郵局寄信，會附帶著特別的郵戳，上面還印有「Shanty Town」的字樣。

　　原來仙蒂鎮也有個小小的區域叫「中國城」，但像是一個典型的廢墟，地上到處散落著木條，雜草叢生，好像忽略了清掃整理，連修補的工作都省了，這樣怎麼敵得過風霜侵蝕呢？可憐的「中國城」，到底是被漠視了，還是刻意「維持原貌」？雖然標榜為「古蹟」，但也不應該這麼不堪入目。

　　有人選擇坐四輪馬車環鎮，但馬車的數量不多，也常常沒有空位。這種馬車是最古老的型式，只有在老電影、懷舊卡通裡看過，後座只能坐兩位乘客。我和智惠在仙蒂鎮內邂逅了一位獨自旅遊的韓國女孩，我們三人發現一台馬車停在陰暗的走廊上，我們輪流爬上馬車拍照，車子雖然小，但爬上爬下都有點費力。

　　自助旅行，常會碰到志同道合者，這位韓國女孩剛滿30歲，畢業後踏入社會，存到一筆錢，就把工作辭了，選定旅遊地點，玩夠了再回國重新求職，遇到我們的時候，她已在紐西蘭遊歷一個月，也玩遍澳洲、歐洲、日本與美國。

　　她說，旅遊的時候，她從來不去多想往後求職的困難，只想把握眼前的美好。她的心態與我當初離開工作崗位赴英遊學非常類似，或許旅遊真的會上癮，喜歡旅遊的人多少都有冒險精神，才有勇氣一而再、再而三的出走，只要心存猶疑，就會卻步不前，過了很多年，還是一個國家都沒去過，這不是我想要的生活，否則，我也不會來到紐西蘭了。

　　看著最後一班蒸汽火車正發動引擎，我們與韓國女孩分道揚鑣，各自追尋另一個夢想。

仙蒂鎮一景。

　　離開仙蒂鎮回到葛雷矛斯的市區，一路上看到好幾家玉飾專賣店，我才知道葛雷矛斯產玉。毛利人也是愛玉的民族，店內的玉少不了毛利圖騰飾品，大約台幣數百元，但我還是沒有買，我一向不喜歡買紀念品，總覺得能省則省，把錢拿去血拼，不如多參加幾個觀光活動。

　　葛雷矛斯不是我最愛的城市，但我很喜歡在這裡遇到的人，算起來也不虛此行。

Fox Glacier
福斯冰河驚魂記

其他人看我和導遊兩個人站在泥流中任其沖刷，嚇得不敢前進。

　　台灣偶爾有天災侵襲，透過電視畫面，看著怵目驚心的土石流、洪水沖刷，溪水暴漲暴落，不時又傳來最不願意聽聞的傷亡消息，我很慶幸自己住在平地高樓裡，平常也不會為了好玩，在颱風前夕跑到河邊或山區尋求刺激，我總認為，這些生死一線的畫面只會在媒體上看到，誰料，人算不如天算，我竟然成為在洪水中叫救命的「受難者」，或許命中注定該有這一遭……。

　　葛雷矛斯是個平凡無奇的城市，除了古蹟值得回味之外，它並不令我嚮往。我和智惠兩人期待著福斯冰河（Fox Glacier）的健行，希望能看到千萬年的冰河遺跡。

　　福斯冰河與葛雷矛斯的距離約4個鐘頭，下車的時候，並不覺得冷，這是我最不解的一點，千萬年寒冰不化，我認為福斯冰河必位在緯度極高處，終年雪花紛飛，真是盡信書不如無書，親身體驗了才肯定書本的知識永遠只是參考。

　　福斯冰河是依據紐西蘭早期的總理威廉福斯的本名

偉大的冰河景緻。

(William Fox)而命名，位在南緯45度左右，氣候溫和，易被旅行者接受，才能年年吸引遊客不斷前來探訪。

我和智惠到達的時候已經接近午餐時間，只能參加半日遊，雖然也能搭直升機橫越冰河，但總是少了樂趣，價位也太高。我們去洽詢繳費之時，看到一個給健行者的警告：請確認今日身體狀況良好，亦沒有其他疾病，否則不得參加冰河健行。

我平常有爬山的習慣，自以為健行不算什麼，但穿上很重的釘爪鞋，拿著登山杖，又套上雨衣（這種雨衣比一般的雨衣厚重）和厚襪（這雙厚襪是當手套用），所有的裝備齊全，平白增加了7、8公斤重量。

我平常爬的都是小山，但往冰河的路途中，必須橫越山脈，跨過河床，穿繞樹林，越往山上走，氣候的變化也愈大，植物也愈顯光禿，剛開始只有細碎的雨點，大家都不以為意，即使下起絲絲細雨，也覺得很正常。但是時間一長，除了要爬上爬下之外，身上的重量也成為負擔，因為根本不能卸下來，而山路崎嶇險峻，有時只是跨一步，也能感覺體力在一點一滴消耗。

　　導遊對大家說，如果覺得不舒服或不想再爬，可跟著另一位導遊回去，我曾動過放棄的念頭，但已經走了三分之一，走回頭路實在太可惜了，我告訴自己無論如何都要撐下去，不看到冰山誓不返還，看到其他的新加坡成員也是氣喘連連地喊累，卻沒有人想放棄。

　　走完一半的路程，天色漸暗，轟然一聲雷響，下起陣雨，導遊說這是正常的，要大家別在意，繼續前行。一路上，雷響不斷，陣雨停了又下，下了又停，迎面而來的打頭風，像是被狠甩了一巴掌，或許是消耗體力，反而全身灼熱，恨不得脫掉雨衣，正動了這個念頭，兩位新加坡男孩子便爽快地解開扣子，脫下雨帽，享受風吹、雨淋兼雷擊的快感。

　　愈往高處，冰川的蹤跡就更明顯，但山路也更難走，我們要走上一個石梯時，導遊提醒大家扶好鐵鍊，才不會掉入山谷；把襪子套在手上，因為鐵鍊非常冰冷，直接接觸會凍得受不了；接著又解釋，因為此處曾發生意外，才會掛上鐵鍊以策安全。我順著鐵鍊往下瞧，是一個寬大的深谷，有人開玩笑說，這是免費的高空彈跳場地。

　　漸漸地，我有體力不支之感，忍不住詢問導遊，還要爬多久才能看到冰河。導遊說，再半小時一定會到，我勉強支撐，加快腳步，心想已經走到這裡，想喊放棄也來不及了。

不久，隊伍中的女孩子紛紛向導遊表示想休息，看來，體力透支的不止我一個，但導遊也是一介女流，身材中等，看起來並不強壯，她卻神色如常，絲毫不見疲態，智惠忍不住上前問她，怎麼會有這麼好的體力？

原來，她一直熱愛運動，更視登山為最愛，受過救生員的訓練，到福斯冰河上班已經2個月了，每天帶著旅客上下山，是一件非常有樂趣的工作，這座山她自己也搞不清楚爬過幾次了。

這一路上，導遊手中的無線電話不斷響起，我由旁邊「偷聽」，原來是辦公室打來監控健行狀況，有必要隨時支援。天候愈來愈差，電話監控也更密集，現在不止是下大雨，也開始飄起雪來，雪花被雷雨摔碎，實在分不清是雪是雨，風依舊強勁，讓人寸步難行，但，冰河不就在前面嗎？

我一直以為，冰河是一個水晶洞穴，其實，它是大片瑩亮雄偉的銀白世界，藍光嵌在層層堅冰中間，但氣候惡劣顯得有些模糊不清。拿著登山杖上冰梯，冰梯濕濕滑滑，微微傾斜，除了導遊健步如飛、如履平地之外，每個人都滑了幾跤，還有人跌成倒栽蔥，而我則一個不慎掉入冰坑。

又幾聲雷響，雨更大了，雷聲混雜雨聲與風聲，我看不清雪花是不是還在飄，導遊說：「今天運氣不太好！」又催促大家趕快拍照，她則立刻致電給辦公室，再派另一個導遊

來接應，掛上電話後，她要大家走快一點，要是雨下得更大，回程會有困難。

回程的道路走來倍覺艱辛，不知是體力已達極限，還是石路又尖又滑又硬？不久，一條黃泥滾滾的水流擋在我們面前，必須越過它，才能到出口。導遊率先跨進泥渦，我雖跟隨在後，但洪流來得又急又猛，腳一滑就會被沖得不見人影，我冷不防抓住導遊的手臂，以防跌落。然而，巨大的水流參雜著石礫，向人推擠而來，水流聲瞬間變成魔鬼得意的笑聲。

「不要怕，拉住我，兩腳站穩！」導遊扯開喉嚨大喊。

其他人看我和導遊兩個人站在泥流中任其沖刷，嚇得不敢前進，導遊被我緊緊抓著，卻不以為意，反而對這些卻步不前的人信心喊話：「跟著我，你們絕不會受到傷害。」我們十幾個人拉著同伴的手，像是結了一條人型長繩，每個人同時跨出，通過恐怖的泥流，還是餘悸猶存。

這種驚險的過程，前後不到3分鐘，我們卻已像經歷了一場人與大自然的生存競賽，誰還敢誇海口說「人定勝天」？

我們這一隊最後到達，遊覽車已經在等我們，導遊在車上誇獎我們勇氣可佳，因為有些人爬到三分之一就決定放棄，我們卻能克服一切，忍耐身體的不適，成功地完成冰河健行。但我很佩服導遊，面對危急狀況不但能處變不驚，還

偉大的冰河景緻。

能鼓勵眾人,她擁有的不只是超強的體力與耐力,還有一顆
服務大眾的心。

　　聽其他旅客說,那條湍急的洪流是碎冰匯集而成,我們
又碰到暴風雨,才會有這麼冒險的經驗。回到旅社,我和智

冰河終於現蹤了。

惠就忙著收拾殘局，因為脫掉雨衣後，裡面的羽毛衣全濕了，頭髮、鞋襪、長褲都填塞著泥土與碎石礫，我們花了65元紐幣，買一個生平最大的刺激，附贈的「禮物」也不少，更送我一個大淤青，想必是跌入冰坑留下的。大自然，真令人敬畏，不敢絲毫冒瀆，又無法不愛祂。

然而，受到溫室效應的影響，全世界逐漸暖化，冰河也在一點一滴的消融，我們未來的子孫，是否也有福親睹萬載寒冰的偉大景緻？那厚實堅硬的冰層，還能維持多久？既然不確定，不管再怎麼累，還是值得走一趟，才不會再遙遠的未來有遺憾。

Queenstown
皇后鎮
■只想寫情書

皇后鎮的美，沒有起點與終點，隨著視覺停留，都為你換一套新裝。

　　一幢幢小屋嵌在山巔水湄處，寶藍色的懷卡蒂普湖水（Lake Wakatipu）猶如一大片絲絨，為皇后的嬌軀所剪裁；綠色的小島，莫非是皇后攏髮的碧玉簪環？白皙無塵的雲朵，是皇后的羽毛披肩，湖畔弱柳依依，會不會是皇后不離身的嫩綠色團扇？錯落山頭的雪花，又為皇后織了一條蕾絲袖。

依山傍水的皇后鎮。

　　皇后鎮（Queenstown）風華絕代，不落於形容詞之下，任何語句都猶恐褻瀆皇后的萬種風情；皇后鎮的美，沒有起點與終點，隨著視覺停留，都為你換一套新裝，即使是一刻的亮麗都不容錯過。小小的皇后鎮，也能是夢幻藍的天堂，不管你是刻意造訪的有心人，或不經意闖入，來到皇后鎮，就準備驚豔吧！

　　這是施了魔法的城市，還是受了祝福的城市？但見青山逸秀，湖面如鏡，流水柔情，做個深呼吸，縷縷清芬沁入心脾，難道，皇后鎮的風，被灑過香水？

我願幻化為蝶，停在皇后的胸前，
做她的別針，陪她走入晚宴會場。
或許我就是蝶，暫且化為人形，
替皇后書寫最燦爛的一頁。
我願做一朵小花，別在皇后的鬢邊，
只為皇后吐露清香。
或許我就是花，暫且化為人形，
替皇后畫下最美的影像。

天台上遠眺皇后鎮美景。

　　皇后鎮是，蜜月勝地、冒險基地、觀光重鎮、購物天堂。身在皇后鎮，讓人更想寫情書，不需特別找談情的地點，登上空中纜車，踏入天台，盡覽山光水色，天台上的餐館，享受一杯浪漫的下午茶，看黃昏時分的落日影像，輕輕落在懷卡蒂湖水中，點綴一湖夕陽下的詩意。

　　據旅遊專家表示，每年到皇后鎮旅遊的人口至少有一萬人，春季賞花，夏季玩水，秋季賞群樹，冬季滑雪，四季各有值得玩味之處。豎耳傾聽，說不定白楊樹也會說話；定睛一看，說不定奇異鳥塑像也會動起來，善長寫景的詩人王維，若天上有知，也恨不得時光流轉，親臨此地，再創作動人的詩篇。

　　皇后鎮最著名的是冒險刺激的高空彈跳、急流泛舟、高速快艇活動。如果心臟強勁，倒可以試試由高空重力加速度下墜的快感，若不怕冷，甚至可以要求浸到水中再拉起來，我和智惠自知「心臟無力」，只有坐在旅館內看別的旅客的紀

到皇后鎮一定要搭空中纜車。

皇后鎮以湖光山色聞名。

念錄影帶,有個紐西蘭女孩用倒栽蔥的方式快速墜下,她興奮的張開手臂並尖叫,看錄影帶的同時還大聲拍手,這種瘋狂的運動,只有紐西蘭人想得出來。

紐西蘭有得天獨厚的自然條件,他們倒也充份利用,以最勁爆的方式與大自然結合,他們認為要瘋就瘋個痛快,若只是看看風景,拍拍照,那真的有點遜。

有了在福斯冰河險象環生的經驗,來到皇后鎮,只想從事很「遜」的活動。我們在旅館看到了搭乘鴨形車繞境皇后鎮的廣告,於是向服務人員再三探詢它的安全性,以及會不會把我們弄濕,服務人員保證我們只是乘客,想弄濕也很困

難，除非自己跳進湖裡。他一邊解釋，一邊還掩不住笑意，好像覺得我們兩個亞洲人想太多了。

　　鴨形車用於湖與陸地的遊歷，車頭就像一個鴨嘴。說到鴨形車，它可是大有來頭的，二次大戰期間，由美國軍隊發明，他們希望能製造出一種能上山下海的強健交通工具，不因浸水或駛過崎嶇的陸面而破壞車子的附著力。

　　早期，鴨形車被用於戰事，英國首相丘吉爾、英王喬治六世都曾駕駛過，就連警察局、消防隊和急救單位也都使用鴨形車。現今，鴨形車經過改良，已成了最特殊的水陸兩用遊覽巴士，雖然安全性高，但司機和導遊都必須接受急救訓練才能上陣。

鴨形車駛入水面，但皇后那天似乎與國王鬧彆扭，撒嬌似地落了淚，透明的遮雨棚也變得模糊。坦白說，真的有點掃興。而皇后鎮的冷，是不用再多說明的，遙望對面的山頭，果真是「天與雲、與山、與水，上下一白」。

皇后鎮最熱鬧的地方是「Queenstown Mall」，流行店面和餐館都設在那裡，白天人山人海，熱鬧非凡，很多人大包小包，提著血拼的戰利品。雖然商店琳琅滿目，但我只對打折貨有興趣，尋尋覓覓中，竟然讓我挑到了一件打1.5折的紐西蘭製毛衣（在基督城只打5折），這件毛衣一直是我回國後「炫耀」的戰利品。

到達皇后鎮，正值初秋時分，皚皚白雪已鋪滿山頭，群樹換上新衣，管它是金黃、鮮紅、淺褐、濃綠，都在陪襯皇后絕代的容顏；四面環湖的優美景緻，湖面泛著迷濛的霧氣，盈盈水波在天光映照下顯得晶瑩剔透，像是天上的精靈

向湖面灑下一把水晶，美得令人屏息。

由空中鳥瞰，由地面平視，坐在樹下仰望，在旅館內悄悄開啓一扇窗，透過樹葉的縫隙仔細看，皇后鎮的美，禁得起行家由不同的角度觀賞，讓人不禁懷疑，愛麗絲的仙境能及皇后幾分？原來，世界上真有一個比文學家的想像更像仙境的地方。

皇后鎮，是上帝失落的寶畫？還是女神遺失的鑽石？刻了「獻給最美的女性」的神秘金蘋果，莫非是無聲滾落在皇后鎮⋯⋯。

Dunedin
但尼丁
■我的蘇格蘭夢

但尼丁活脫脫是一間生態教室，是上自然課的最佳地點。

　　蘇格蘭以威士忌酒聞名，紐西蘭境內唯一的威士忌製造廠則位於南島但尼丁（Dunedin），當地建築物刻意維持蘇格蘭藝術風情，稱她為「蘇格蘭以外最像蘇格蘭的城市」實不為過。

　　我是個路痴，沒想到智惠也是路痴，兩個路痴湊在一起，雖然沒有變得「精明」，卻給我們找到一座很雄偉的「城堡」。一般人對城堡的印象多半是較為懷古而神秘，好像裡頭

放晴後的但尼丁，令人感到心神愉悅。

有說不完的故事，眼前這個由白色與深咖啡色交錯堆砌出來的「城堡」卻亮麗逼人，陽光的投射下，更加閃亮奪目。

　　我有一股熟悉的震撼感，這種感覺如同我第一次見到國會大廈時的「痴呆」，因此自然而然抱著「朝聖」的心情，原本嘻皮笑臉也趕緊收歛。

　　但蘇格蘭的典雅韻味有平衡作用，增添了一道浪漫的色彩，讓人幻想著王子和公主就住在裡面，大門一開，就會有一對對紳士貴婦手挽著手走出來。若紐西蘭是童話世界的織夢處，身在但尼丁的我，就化成故事裡的角色，我自認不是公主，做一個小小的配角也心甘情願。

　　言歸正傳，這座法蘭德式的「城堡」裡真的有王子和公主嗎？其實，這並不是真正的城堡，只是蓋得很像城堡的但

聖保羅大教堂。

尼丁火車站，火車站的照片洗出來後，像極了巧克力蛋糕，
讓人想咬一口。

　　聽聞紐西蘭有一所老學校──奧塔哥大學（University
of Otago），至今仍保留著英式風情，校內草木扶疏，還有一
條小河緩緩流過，學校內還有一座醒目的鐘樓，英國情趣十
足。奧塔哥大學的醫學系是很多留學生夢寐以求就讀的科
系，但競爭太過激烈，只有少數佼佼者能脫穎而出；參觀該
校時，我完全感受不到一絲競爭的氣息，反而有濃濃的書卷
味，直讓我憶起牛津大學城的文藝氛圍。

　　或許是念過幾年教會學校，縱然沒有正式的信仰，多少
也耳濡目染，出了國總喜歡跑教會和大教堂，倒也不是尋求
心靈依靠或有特別的目的，只是一種習慣而已。

第一教會。

　　但尼丁有一座「第一教會」（First Church），是常見的
尖塔歌德式建築，因為它是紐西蘭最古老的教會，已有百年
歷史，早被當作古蹟來保存，雖然是免費參觀，但也有紀念
品購買區賺取微薄收入。

　　第一教會並不是很大，卻花了6年的時間才蓋好，也特別聘請建築師特別設計，內部的玫瑰窗、花毯、浮雕、壁燈……，除了傳達耶穌的精神之外，也讓後人了解當年的移民狀況。第一教會是但尼丁的顯著地標，只要看到突出的尖塔，順著尖塔的方向走就能順利找到。

　　但尼丁有座私人城堡——蘭納克城堡（Larnach Castle），同樣也有百年歷史，目前雖仍屬私有，但已開放民眾參觀。

　　蘭納克城堡背後有一段悲慘的羅曼史，故事發生在1871年，英國銀行大亨威廉・蘭納克（William Larnach）為了摯愛的首任妻子伊麗莎建造了一座城堡，光是城堡的骨架就動員了200名工人耗費3年的時間建構，接著又花了12年的時間

數萬年經年累月形成的摩拉基大圓石。

極盡美化城堡的內部，由世界各地搬運最好的材料，打造一座夢幻城堡，希望能讓妻子快樂。

只是銀行家商務繁忙，無暇陪伴妻子，寂寞的伊麗莎身體狀況愈來愈差，終於因為中風而與世長辭。威廉得知妻子的死訊，懊悔不已，又娶了第二任妻子瑪麗後，他仍然汲汲於事業，讓瑪麗在寂寞之餘，染上酒癮，抑鬱而終。

甚至第三任妻子康斯娜絲也難逃被冷落的命運，年輕前衛的她，反而與威廉的兒子通姦並私奔，威廉得知此事雖然又驚又怒，但也拿他們沒辦法。後來，威廉的事業漸漸走下坡，連銀行也關門大吉，在多重打擊之下，威廉終於舉槍自盡，年僅60歲。

　　蘭納克城堡如今以博物館的姿態重現，那段家族滄桑史，為這座氣派的古堡添了一股淡淡的哀愁。富豪生活是不少年輕女性的夢想，豪門深似海的幽怨情懷，卻寫下無數悲劇，也只有當事人能深切體會。

　　但尼丁活脫脫是一間生態教室，是上自然課的最佳地點，記得小學的時候，令我最恐懼的科目就是自然，面對可怕的生物題，只能握著筆猛發抖，如果當時能到但尼丁走走，印證書本上的知識，說不定能補救一下破爛的成績。

　　奧塔哥半島是上自然課的最佳地點，珍貴稀少的黃眼企鵝與世界上最大的海鳥──信天翁是島上的高級貴賓。

　　黃眼企鵝數量極少，因為牠們本身十分敏感脆弱，森林的開墾、天敵的環伺讓牠們幾乎面臨絕種危機，但目前黃眼企鵝已被列為保育動物。牠們最吸引遊客的就是一雙黃色的眼珠子，由於身軀小，顯得格外可愛。黃昏時分，還可看到牠們歸巢的壯觀奇景。為了不擾亂牠們的自然生態，遊客們必須由專業領隊帶領，遠遠地觀察，而且禁止高談闊論，免得嚇著了牠們。

　　要看皇家信天翁必須透過瞭望台上的望遠鏡，理由是要讓

世上最陡的路。

牠們保持最原始的生活；信天翁展翅時有三公尺長，像一架小飛機盤旋天際，是最具有王者風範的鳥類。牠們有驚人的體力，能飛行一整天不覺得累，靠著雙翅就能在大洋洲與南美洲來去自如。若下輩子要變成動物，我希望能當一隻信天翁，擁有過人的體力與耐力，展翼高飛，笑傲江湖，繼續實現自助旅行的夢想。

來到但尼丁，若不安排生態之旅等於沒來過，除了黃眼企鵝與信天翁之外，奧塔哥半島還有其他多樣化的生物供遊客選擇，例如藍企鵝、海獅、海豹。

與朋友們交換暢遊紐西蘭的心得時，發現但尼丁不是一個很受青睞的城市。雖然但尼丁並非我的最愛，但她多彩多姿的風貌，足以讓旅遊玩家由各種不同的角度賞玩，若想要走遍但尼丁各大重要景點，至少要安排二日遊。

維多利亞式的市政廳。

Christchurch
基督城
■花朵會跳舞

如能醉在槳聲燈影裡，雅芬河就是秦淮河了。

　　當長程巴士駛到基督城（Christchurch）時，已邁入黑夜，忙碌的交通彷彿是台北才有的景象，或許你會想，難道這就是「花園城市」？我不敢太早下定論，因為人在疲憊不堪的時候，通常看不到美好的一面。

　　基督城是我和智惠最奢侈的行程，因為在皮克頓和但尼丁，不小心訂到了髒亂不堪、沒有暖氣設備的旅社，至今仍「心有餘悸」，因此我們發誓下一個行程一定要住到一家像樣的平價旅館。

　　由於無意間探聽到一家經營汽車旅館與背包旅館的「Stonehurst」，雙人房的價位在65元左右，價格確實貴了些，但簡介上的描述與照片，讓人看得心癢癢的，所以縱然我們二人是省錢一族，也決定犒賞一下自己，二話不說就訂下去了。

　　這是我在紐西蘭住過最好的旅社，他們用汽車旅館的水準來回饋背包旅客，價格貴了十塊錢左右，卻是「一分錢一分貨」的最好證明。

浪漫的雅芬河。

　　聽說基督城總是陰雨綿綿，甚至飛機常被迫延後起飛，但基督城似乎特別歡迎我和智惠，賞賜我們溫暖的陽光，真讓人受寵若驚，厚重的羽毛衣終於可以卸下來了。

　　基督城是由英國移民所規劃，依英格蘭風格打造她的風貌，無論是復古歌德式建築，或是新穎摩登的屋宇，都經過巧思與精工打造。基督城內的許多私人花園更是「花枝招展」，如果能遇上花卉慶典，還能見到基督城最豪華的風貌；整座城市用花裝飾得五彩繽紛，把植物、藝術、娛樂的熱力

基督城的環城電車。

全部結合在一起，不管是本地居民或外籍「尋芳客」，都能把興致推向最高峰。

　　大教堂廣場上一座1904年完工的哥德式教堂，是基督城最顯眼的地標。大教堂為英國建築師的傑作，建造材料是當地石材。尖塔高達63公尺，是一座難得的瞭望台，12座大鐘可奏出不同的樂音，鐘聲悠揚而平靜。雖然每年有超過數十萬的遊客參觀大教堂，但教堂內莊嚴依舊，絲毫不受打擾，即使教堂外熱鬧喧嘩，祂仍擇善固執地維持「心遠地自偏」的境地。

　　現在的基督城有很多日本移民，到處都聽得到日語，但我竟然找到了一家「台灣超商」，店內賣的都是台灣進口的食品，店員也是台灣人，很多台灣留、遊學生都是常客。雖然因應紐西蘭當地

基督城市中心一隅。

的物價，這些食品都比台灣貴了雙倍以上，但仍阻擋不了思鄉情切的台灣人購買的意願；紐西蘭不難買到亞洲食品，但大多是由中國大陸、泰國、香港等地進口，台灣人很難從中得到滿足。

　　基督城有一種「強迫入境」的魅力，既然是最英國化的城市，就不能沒有藝文活動。戲劇、音樂、舞蹈、戶外演奏、街頭藝人表演，令人目不暇給，精神食糧真是永遠不嫌多。露天市集展售了不少手工製品，還有臨場「馬殺雞」為遊客消除疲勞。人潮絡繹不絕，給人的感覺並不忙碌，而是浸淫在休閒的氛圍中。

　　我和智惠在市集中遇到一位賣編織品的婦人，那婦人與智惠十分投緣，對她談起了自己的生活。原來，她的先生是

高岡上的城堡餐廳。

家庭煮夫，包辦所有的家事，而她則以一手編織技藝賺錢養家，一條精緻的圍巾只要花1小時便可完工，一頂花鳥圖案的帽子也能在1天內完工。她的家庭不算富裕，但她感到很滿足。對她而言，編織是她的工作、興趣與休閒，她用自己的腳步在生活，不需為現實而折腰，令我和智惠既羨慕又欽佩。

維多利亞廣場的女王塑像。

特別是智惠，原本只買了1頂手工帽，第二天又回到同樣的地方買了4條圍巾，送給自己的父母、姐姐和男友，美其名是購物，其實智惠是想與她多聊聊。直到現在，我偶爾還會想起她的笑容，也想追隨她的生活模式，我不清楚這個夢想是遙不可及還是近在咫尺，我仍有著期待，也更相信，對生活有「期待」的人，將一天比一天快樂。

即便是深秋，基督城仍是花開正盛，落落大方的散發迷人的姿態，看不到矯飾與刻意。走入基督城的植物園（Botanic Garden）中，各類林木參天，遍植奇花異草，可貴

的是，這麼人工的地方竟然讓人覺得自然而原始，好像不經意闖入一片森林，以為這些花草樹木都是遍地野生，倘佯在森林浴中，深恐自己走不出去，驀然回首，竟回到大門口的一方噴水池前。

基督城有一條雅芬河（Avon River），是比照英國劍橋的「康河」而打造，主流與支流貫穿基督城，河畔妊紫嫣紅，兩岸綠草如茵。植物園內常可見戲水的群鴨、撐篙搖櫓的遊客閒適愜意地劃破幽幽綠水，河面飄浮著散落的花瓣與葉片，像是為雅芬小姐點綴薄妝，陽光輕巧錯落，光影反射，又為她略施了脂粉。

若能再遊雅芬河，我一定要挑一個看得到月華柔暈的夜

白雪籠罩山頭，這座山像是冰雕出來的。

晚，如能醉在樂聲燈影裡，雅芬河就是秦淮河了。

　　雅芬河緩緩流經包圍在花海與草坪中的「夢娜維爾」（Mona Vale），復古的英式庭園，是現代人尋找浪漫的所在，離開前總會忍不住駐足回首。

　　美侖美奐的夢娜維爾，其實已有百年歷史。它原本是富豪的私人住宅，但目前已收歸國有，開放遊客遊覽；古代豪門為了建造一個賞心悅目的私有空間，不惜投入大量資金，是奢侈還是享受，就由旁人自行解讀了。雖然無緣從中體驗貴族的生活起居，夢娜維爾的背景卻讓我產生了無限好奇，希望能挖出一些幕後故事來。

　　夢娜維爾的占地原本屬於蘇格蘭移民汀斯家庭（Deans

family），由1897年起數度易主。第一個擁有者是維曼斯夫婦（Waymouth），維曼斯先生是坎特伯里冷凍肉品公司總經理，他聘請了設計師馬迪森（Maddison）著手設計，並把這個占地命名為凱若華（Karewa）。

馬迪森以古代英國式的風格為藍本，使用粉刷、木造、鋪瓦等技術逐漸完成它，一直到賣給貴婦安妮唐能德（Annie Townend）後，才更名為夢娜維爾，並斥資翻修，擴張土地面積，栽種更多的樹木，又建立了門房。

安妮去世後，夢娜維爾被高崔西（Tracey Gough）買下。高小姐似乎是一個愛花人，買下夢娜維爾後，就添了不少新「花」招，她建立了百合塘，又種了不同品種的杜鵑花，並由國外引進植物種在花園裡。在高小姐之後，夢娜維爾還曾被後期聖徒教會（Church of the Latter Day Saints）買走。

但是好景不常，數年後夢娜維爾竟淪為分期拍賣產物，甚至有意拆除。這個決定，引起了基督城人民的強烈抗議，他們設立了基金會，發動捐款籌措了55,000元紐幣，基督城議會並再投入十多萬元資金，終於將夢娜維爾買下。從此，夢娜維爾屬於全體國民，成為基督城當地的夢幻觀光重點。

結束多次易主命運的夢娜維爾，如今已被當作建築遺產來呵護。凝神諦聽，說不定花兒也會說話，悠悠談起一代一

代的豪門深閨情事。

　　離開夢娜維爾，前往卡文迪西山（Cavendish）。站在山
頂上遠眺利特爾頓港（Lyttelton Harbour）、南阿爾卑斯山
及坎特伯里平原的風光，突然憶起，在英國布里斯托遊學
時，氣喘噓噓爬上卡伯塔的感覺，整個城市幾乎隻手就可掌
握，相同的悸動又回來了。用360度的視線將基督城盡收眼
底，像一幅立體畫卷向外攤開並無限擴張，太陽漸漸西下的
時候，再慢慢把畫卷摺回去。

　　夕陽殘照，落日銜山，基督城籠罩了一層朦朧之美，我
的南島行也就此結束。

巴士風光之旅

　　為了到達一個美麗的景點，卻要忍受數小時的舟車勞頓，以及無趣冗長的過程，這是很多旅人共同的經驗。

　　在紐西蘭，連交通往返的時間都是旅途的重要過程，即使搭7、8個小時的車，也已盡覽大自然彩繪風情，你永遠不會知道，下一秒鐘又會有什麼令人驚喜的美景猛然出現，讓你毫無心理準備。

　　坐在長程巴士上，睡覺反而是最不智的選擇。唯一比較令人遺憾的，就是在顛簸搖晃的車內，無法用相機記錄稍縱即逝的美景，只能任她遠遠被拋在車後，面對紅塵煙景如畫，也只能當過客。

　　窗外一碧如洗的晴空，或倘佯著柔軟厚實的雲朵，蜿蜒的林間小路，數不清的牛羊，五顏六色的繽紛群樹，藍得不能再藍的海灣，峰巒起伏間有怪石嶙峋，遍野叢生知名、不知名的瑤草琪花，山頭白雪皚皚，恍若罩上一縷輕紗……。

　　沒有一處相同的景緻，即使有著形似，神韻卻是獨一無二。

牛群好奇地望著來車。

　　車上的旅客不時發出驚嘆聲，但司機不會停下來讓你拍照，因為他們對這些奇幻景象已司空見慣，甚至視若無睹，所以無法體會來自遠方的遊客為何會有如此反應，或許，他們正在心中輕笑我們：「大驚小怪。」

　　然而，窗外如夢似幻的景緻還是讓人忍不住嘖嘖稱道：「這不正是童話裡的理想藍圖嗎？」其實，紐西蘭本身就是童話的佈景，處處有小仙女的故事……。

Rotorua
羅托魯瓦
■彩色地熱區與毛利秀

少了大把鈔票，但他們疼惜土地的用心，卻造福了更多慕名
而來的觀光客。

　　一共去過羅托魯瓦（Rotorua）2次，尚未下車，就聞到
濃濃的硫磺味，兩旁的山谷冒出白煙裊裊，恍若無人之境。

　　紐西蘭的毛利人僅占14%，「毛利語」也是官方語言。
紐西蘭政府十分保護當地原住民文化，並致力於推廣，各大
城市都能見到毛利文物，在電視上，也能看到毛利電視新聞
和節目，大專院校設有研究毛利文化的科系，當地歐洲血統
的紐西蘭人，也能秀幾句毛利話，跟外來觀光客打招呼。

　　羅托魯瓦，就是毛利文化重鎮，就連這個地名也是毛利
語，意思是「第二個湖」；羅托魯瓦也是火山、地熱、泥
沼、溫泉……的景觀仙境，並以此特色成為觀光勝地，被稱
為「硫磺城」。

　　羅托魯瓦全年煙霧瀰漫，泥漿騰騰，營造出一種神秘的

紐西蘭第二大湖－羅托魯瓦湖。

一圈圈地熱泥渦。

氣氛，迷信的前人稱此地為「地獄之門」，這個傳聞雖屬於無
稽之談，卻有不少人遠到而來，想實際體驗一下身在地獄的
感覺。

　　第一次到羅托魯瓦，是我剛到紐西蘭不久所安排的首次
旅遊，這個行程是臨時匆匆決定的，並沒有事先訂好旅社。
由於羅托魯瓦沒有Intercity的車站，巴士停在最便民的
「Information　Center」，旁邊就有一家看起來頗高級的
「Backpacker」，而且剛好有一間便宜的四人房。

　　我和兩位中國遊伴，很幸運地住進這間唯一的空房，因
為是週末，很多便宜的旅社都已客滿。

　　羅托魯瓦的市中心是條寬敞的大街，街上有不少毛利文

物木雕,有的是單純的深紅褐色,也有色彩鮮明的毛利人圖樣,並配合幾何圖形設計的小建築,而許多單純銷售毛利文物的商店,看起來卻有些陳舊,老闆也懶懶散散。

因為巴士誤點,錯過了毛利秀的門票時間,只能先在市中心逛逛,第二天早上,才開啓第一個旅途,我們訂了參觀「懷奧踏普」(Wai-O-Tapu)的優惠票。

懷奧踏普是約17平方公里的地熱區,位在羅托魯瓦和陶波之間,地熱保護資源特殊,沒有巴士會開到這裡,旅客必須事先訂門票和來回專車。整個區域由不少坑口組成,含有各類礦物成份,匯成了五彩繽紛的湖景,被稱為全紐西蘭最具色彩的地熱景點。

懷奧踏普有更濃厚的硫磺氣味,保存著天然硫磺洞穴,整個景區完全是煙霧的世界,籠罩著奇詭的氣氛,蒸出五顏六色的煙霞,因為含有太多礦物成份,湖面產生各種色澤,像是神怪劇裡才有的世外仙境;灰色的泥塘形成特殊的梯形,流動的泥漿,慢慢擴散的神秘動態景象,形成了一圈圈泥窩。

有座「魔鬼的浴池」,池裡含有豐富的砷,綠得像水彩調出來的顏色,卻完全不透明,看不到湖底,好像一大池綠奶茶;「牡蠣池」的面積很小,池邊邊緣還泛著雜色色彩;至於香檳池,是懷奧踏普裡最大也最深的池,岸邊有橘紅晶

間歇泉即將噴發。

體，十分亮眼。

　　間歇泉在每日上午十點十五分噴發，可高達20公尺，水柱與蒸氣上噴的那一刹那，是懷奧踏普最重要的節目。我們提早15分到場，現場卻早已擠滿了旅客，只有幾個零星的位置還沒被占走。每個人都屏息等待，十點十五分整泉水果然立即激噴而出，觀眾們有的尖叫，有的拍手，有的舉起相機猛拍。

　　幸好當天是大晴天，因為間歇泉上噴的高度和氣勢，會因天氣狀況而改變。

　　懷奧踏普是觀光區，遊客絡繹不絕，基於安全問題，許多地熱池都圍了木柵欄，但紐西蘭政府極力維持其天然原貌。地熱區包圍在青山翠谷間，這片天然資源蘊涵著無限商機，加以科技助力，便能拓展開發工程，但紐西蘭政府仍將

這片豐厚的能源以「觀光」事業來經營，與世界各地的朋友共用。雖然少了大把鈔票，但他們疼惜土地的用心，卻造福了更多慕名而來的觀光客。

　　結束一天的疲憊，許多人選擇泡溫泉來放鬆自己，或做個泥漿護膚，讓自己美美的回國。我們報名參加毛利秀，免費SPA就是他們的優惠，但溫泉池卻只有幾坪大，只能泡半小時，果真是一分錢一分貨。

　　毛利秀是羅托魯瓦的重點活動，但我們發生了一個小意外，差點二度錯過了毛利秀。

　　出發前往懷奧踏普前，我們先在「Information Center」報名了毛利秀的活動，服務人員叫我們在旅社外等專車，接我們去毛利村，但我們等了半個小時，車子卻沒有到。我們又去「In-formation Center」詢問，請他們代為催促毛利村的辦公室，盡快來接我們，服務人員打完電話後，卻向我們道歉。原來，車子是停在毛利村的辦公室。大家集合一同前往，看看錶，已經快五點了。

　　毛利秀是五點開始，由「Information Center」走到毛利村的辦公室，車子鐵定開走了，但是總不能不去吧？錢都付了，根本要不回來，或許是大家心裡慌亂，一直繞了好幾條巷子，又不知問了多少人，許多報錯路的好心路人，又讓我們走了不少冤枉路。

　　我們是三個人一起旅遊，但另外兩位同伴都不會說英文，而我這個唯一能用英文溝通的人，卻是第一號路痴，有時甚至左右不分，等我們到達辦公室時，已經是五點半了，我抱著最後一絲希望，但願車子還沒有到。

　　令人失望的，車子早就準時開走了，接待人員是不斷地向我們道歉，並要我們在此等候，因為七點還有一班車到毛利村，同伴小魏臉色一變，把我拉到一旁：「妳快用英文告訴他，我們已經付錢了，卻看不到毛利秀，請問要怎麼補償我們？」

　　聽不懂中文的接待人員面無表情，但我認為現在根本不是吵架的時機，如果「嗆聲」能解決事情，那麼做人實在太簡單也毫不費力了。我把接待人員的話翻譯給小魏聽，我們可以搭第二班車去毛利村，不會錯過毛利秀，但小魏不甘勢弱：「我們晚去，會錯過很多活動，不信就算了！」在一旁

羅托魯瓦博物館，位在政府花園內。

的另一個同伴麗娜，看小魏
發脾氣的樣子，已經急得不
知如何是好。

於是我詢問服務人員：
「我們搭第二班車去，會不
會錯過很多活動？」服務人
員表示，兩場活動是一模一
樣的。而一旁的小魏，用高
八度的中文要求我代為詢問
她心中想問的問題，服務人
員又用英文向我解釋等一下
的毛利秀，中英文夾攻之
下，我快「崩潰」了。

羅托魯瓦的特色商店。

最後，服務人員給了我們3張免費的溫泉票。但是經過在
大馬路上的奔波，我覺得很累，只想躺在大廳的舒適沙發上
休息。而麗娜被小魏拉去泡溫泉，我也樂得休息一陣子。後
來，服務人員走過來，再度為他們的疏失向我賠禮，並請我
到吧台拿瓶果汁，算是他們請客。

七點前，小魏和麗娜準時回到毛利辦公室。坐在柔軟的
深紅沙發上，遠遠看到她們兩人，一個板著臉，一個苦著
臉，彼此都不說話，不知道她們方才發生了什麼事。無論如

何，我很慶幸，自己沒有跟著去泡溫泉。

　　我們搭上七點的接駁車，毛利秀準時開始了！

　　毛利人打扮成古代戰士，穿上花紋圍裙，拿著長矛，來一段傳統舞蹈作為開場。這也是我第一次正面看清毛利人的長相，毛利人膚色較黑，身形粗獷，眼窩深。

　　毛利村之於紐西蘭的意義，如同九族文化村之於台灣，深刻體驗原住民早期的生活模式，對紐西蘭人來說，是一種不忘本的回味和紀念。他們的傳統舞蹈中，充滿著陽剛之美，我聽不懂毛利語，當他們唱到很高亢的時候，總覺得聽來猶如嘶吼。毛利人擁有得天獨厚的歌喉，唱起歌來雄渾嘹亮，迴聲不絕，他們的舞蹈有一個特色，就是會吐舌，以及撐大眼睛。我覺得誇張滑稽，卻又不敢笑出聲來。

　　毛利人的生活已趨向現代化，與紐西蘭人一般無二，但毛利秀活動的壓軸，就是要讓遊客品嚐古法炮製的佳餚。火烤的Hangi自助餐，是令我最難忘的一次晚宴，這些食物是用土窯以及早期毛利先民的傳統方式烹調出來的，他們把常吃的青菜、肉品、魚類、馬鈴薯、蘿蔔等食物鋪在亞麻上，放在地底，再用燒熱的岩石悶烤至熟透。

　　今晚的遊客實在太多了，主持毛利秀的工作人員要求大家依桌次拿菜，守規矩不得搶食。比起現代化的自助餐廳，Hangi餐吃的不是美味，而是一種思古幽情，食物的口感大致

還不錯，特別是燻鮭魚和蚌類，是最合我胃口的兩道菜，但有一道烤得鬆散的碎馬鈴薯泥，卻令我和同伴食不下嚥，吃一口就吐出來了，旁邊的歐美遊客卻吃得津津有味，還連續盛了好幾次。

等每桌的客人都坐下來享用，幾位毛利工作人員也到各桌去陪大家吃晚餐，一位女性工作人員正好坐在我的對面，知道我和兩位同伴是說中文的民族，還用中文對我們說：「你好。」

我趁機問他們，為什麼毛利人的戰舞一直要吐舌頭和瞪大眼睛？原來，在毛利人的觀念中，眼睛是靈魂之窗；早期沒有文字，先民用口耳相傳將知識傳給子孫，這些吐舌和睜眼的動作，意義就在這裡。

到了點心時間，台前還有毛利歌舞表演，也帶動大家一起唱唱跳跳，毛利秀就在歡樂的氣氛中落幕了。

毛利人的雕刻藝術、編織技術，從古到今持續傳承不斷。在毛利村設有紀念品專櫃展售，看起來鮮豔搶眼，卻不是十分精緻，而是有一種大刀闊斧般的原始粗獷，價格並不便宜，卻頗能吸引愛好純手工的遊客購買。

回到旅館後，原本以為自己會倒頭就睡，誰知嘈雜的音樂和瘋狂的笑鬧聲不絕於耳，顯然有人在狂歌亂舞，我們三個人都睡不著，到樓下去問櫃檯：「為什麼這麼吵？」櫃檯

小姐很抱歉的說：「明天是星期日，有很多人玩通宵，甚至我自己也不能睡哩！但妳們放心，星期天的晚上就會很安靜了。」

　　對於紐西蘭的毛利人，我聽過2種最特殊的特色，一部分毛利人至今仍承襲祖先的傳統生活，與現代科技絕緣，但卻樂天知命，在自己開闢的桃花源裡，與世無爭地與大自然共存；而也有少部分好吃懶做的毛利人，跟一些不事生產的Kiwi（紐西蘭人）一樣，整天在街上閒晃，靠政府優厚的補貼渾渾噩噩地混日子，也欠缺修養地對亞洲觀光客秀出中指表示不歡迎。

　　來到羅托魯瓦，除了探訪神秘的懷奧踏普及熱歌勁舞的毛利秀外，千萬別忽略了紐西蘭第二大湖——羅托魯瓦湖。湖區緊鄰市區，有許多國外遊客和紐西蘭人常站在湖邊吹海風，或乘白色渡輪遊覽湖光山色。湖畔的黑天鵝群，是羅托魯瓦湖的嬌客，不過大部分都是長得像醜小鴨的小天鵝。

　　總之，沒吃過「炸魚伴薯條」，等於沒來過紐西蘭，沒看過「Sky Tower」，等於沒來過奧克蘭，沒來過羅托魯瓦，等於沒來過紐西蘭的北島，羅托魯瓦是北島第一景點，雖然出了些小意外，卻不打擾遊興。

Taupo
陶波
■是海還是湖

黃昏時分，渲染夕陽彩翠，天色向晚，餘暉投映陶波湖面。

　　五千年前一場劇烈的火山爆發，島嶼中形成一顆璀璨的明珠，五千年後，這顆明珠成了趨之若鶩的觀光勝地，這不是傳說，也不是杜撰，這是紐西蘭渡假城市──陶波（Taupo）的歷史故事。「陶波」原本是一個毛利人的名字，由於他偶然發現了這寶石般的地方，就以他的本名來命名。

　　陶波湖的水色是閃爍的寶石藍，沿岸看著湖心浪濤洶

胡卡瀑布激沖直下，氣勢磅礴。

陶波湖畔視野遼闊，讓人禁不住駐足停留。

湧，很容易有「是海還是湖」的迷惑。在一大片煙波浩渺天光湖色中，有一種深邃難測的氛圍，令人不禁駐足停留。湖面捎來的風是冰涼的，卻有如清泉般沁心。浩淼空闊的陶波湖，給人自然而然的平靜，而平靜，常使人陷入人生的思考，做一次思緒大整合。

　　陶波湖濱仍可見到黑天鵝的蹤跡，水鴨、海鷗也不少，但牠們有一個共同的特色，就是「貪吃」，只要有遊客拿著零食，牠們就會熱情地圍著他們，或是繞著他們飛舞。麗娜帶了一大包餅乾，兩天下來我們只吃一半，其他的全拿去餵水鳥了。我們一路餵、一路走到船隻停泊的渡口，湖岸的一片草皮上，躺著許多享受日光浴的遊客，也有很多臨湖而建的屋宇。

　　不知是不是太有小孩緣，有一個看起來2、3歲的金髮小男孩走過來，噫噫呀呀的對我們比手劃腳，聽不懂他說什麼，我只隱隱約約辨認出他提到「port」，又提到「your mother」，小男孩的眼光一直定著在我手中的餅乾上，於是我拿了一片餅乾給他，問他要不要餵海鷗，他沒說好也沒說不好，立刻把餅乾丟給海鷗，看著海鷗搶著那塊餅乾，羞澀泛紅的小臉在陽光下，笑了。

　　一個比他高數公分的小女孩向我們跑來，顯然是他的姊姊，我聽不懂小女孩「臭乳呆」的英文，但我知道她想加入我們，這對小姊弟十分害羞，不敢向我伸手要餅乾，總是期待的看著我，等我將餅乾遞給他們，再用力丟向海鷗群。最後，餅乾全進了海鷗的肚子，兩姊弟玩得不亦樂乎，連他們的父母也向我們道謝，謝謝我們給小姊弟一個快樂的週末。

　　陶波湖約有新加坡面積大小，是紐西蘭最大的湖泊，湖裡游著數以萬計的彩虹鱒魚，湖面、湖邊都可見到釣魚的人潮。我們沿著市中心遊逛，逛到腳酸，卻發現有件事情不對，既然陶波是「鱒魚之鄉」，怎麼到處都見不到鱒魚特產店？我又走錯了方向嗎？

　　其實不是！為了彩虹鱒生態著想，紐西蘭政府規定，本地人釣魚必須先提出申請，遊客則必須繳費，而且只能「放長線，釣大魚」，捕到小魚一定要放生，珍貴漂亮的鱒魚才不

致於絕種。若陶波湖位在東南亞，一定是三步五步就一家鱒魚特產店，並標榜「當天現撈現殺，保證新鮮」！

彩虹鱒原本產在北美和西太平洋，西元1883年引進紐西蘭，由於養殖不易，不得不以政策加以保護，如今彩虹鱒已遍及紐西蘭，但以北島數量遠多於南島。

搭車前往陶波，一定有機會看到紐西蘭第一大河——懷卡托河，司機也會對乘客介紹懷卡托河畔旖旎風光。每次旅遊過境陶波，我總會接開窗廉，看看這條時而湍急、時而平緩的長河，沿途景緻如詩如畫；懷卡托河的巨大水流匯成了氣勢壯偉的胡卡瀑布，以每秒超過22萬公升、奔雷般的急速激沖而下。

想玩更刺激的，懷卡托河上方提供高空彈跳的服務，心臟強壯、膽量夠大，真的可以試試重力加速度的快感，還會有專人替你錄下瞬間下墜、驚心動魄的畫面以供留念。

很多汽車旅館蓋在陶波湖對面，旅客倚山面湖而居，視野遼闊，景緻清幽，幽藍的湖水，時而波瀾蕩漾，時而平滑如鏡。黃昏時分，渲染夕陽彩翠，天色向晚，餘暉投映陶波湖面，與唐代詩人王維詩句「日落江湖白，山色有無中」相映，若年老後有幸隱居於此，或持竿垂釣，或漫步湖邊，是多麼幸福？

曾經埋怨造物主偏心，把所有最好的奇景全給紐西蘭，

毛利式傳統建築。

但如今再思考，造物主不是偏心，祂要把最好的美景，留給懂得疼惜照顧的民族，這是一種來自上帝的嘉勉。

　　冬天乘長途巴士過境陶波是比較「痛苦」的一件事，陶波環湖，就連夏天也會冷。剛進入初冬時，一下車就感到冷風直撲，我趕緊再衝回車內拿圍巾，但車外卻有一群不怕冷的瘋狂小孩，穿著春季的服裝，把手放在口袋中，裝腔作勢地又笑又跳說：「好冷！好冷！」

　　陶波是司機和旅客的休息站，非停不可，幸好陶波公車站旁有一個小小的休息室，讓怕冷的人取暖個半小時，積雪夠多的話，還能由小小的空間遠眺雪景。

Napier
內皮爾
■藝術首善之都

災難已遠離，沒有默哀，只有慶祝。

　　出國前規劃落腳地點，除了刻意避開華人聚集區外，氣候條件也是考量重點。

　　我忍痛捨棄「紐國最美麗的城市」——皇后鎮，來到四季陽光充沛的內皮爾。內皮爾（Napier）與哈士汀斯是霍克灣的雙胞胎，雙城之間只隔半個鐘頭車程，由於霍克灣產葡萄酒，內皮爾與哈士汀斯的氣候比其他城市溫暖穩定。

　　1931年的大地震，內皮爾城全毀，甚至引發延燒36小時的火災，整個城市就此付之一炬，原本安寧和平的小城，頓時成了哀鴻遍野的人間地獄，破壞的情形比1999年的921大地震更嚴重。

　　紐西蘭政府積極投入重建工程，以防震為基礎，加諸源自二十世紀的歐洲裝飾藝術（Art Deco）風格重新打造內皮爾，注入幾何形狀、對稱空間及流線美感的大膽設計，一系列的裝飾建築成了該城的行銷重點，每年吸引不少觀光客慕名而來。

　　緬懷內皮爾的過去，撫觸著歷史遺跡，現今的內皮爾已走出地震的夢魘，成為觀光重鎮，並於每年二月定期舉行Art Deco週末嘉年華。每到這個時候，當地居民都會穿上1920年代的中古服裝，開著古董車，慶祝內皮爾的重生。

　　我二月到達內皮爾，幸運地趕上了Art Deco紀念活動。當天是一個風和日麗的好晴天，陽光特別刺眼，內皮爾市中心人來人往，擠得水洩不通，遊客諮詢中心外停放著許多古董車輛，樣式雖然舊，但也頗絢麗耀眼。

　　街上的民眾穿上復古的禮服，戴上帽子，把正式場合才用得到的首飾往身上套；許多小朋友則被父母打扮成小精靈的模樣，頭戴星型冠，還特地裝上蝴蝶翅膀，手持仙女棒，但有些不懂事的小孩，竟然拿著仙女棒打架。

　　最吸引我的是一個穿著綠色小禮服、戴上珍珠項鍊、圍著皮草的婦女，她有一種渾然天成的貴氣，動作優雅大方，美得像宮庭裡的活動雕塑。我整了整儀容，禮貌的向她要求合照，並誇讚她的美麗，她樂不可支的答應與我合照，並熱心地介紹我去看街頭音樂會及演唱會，我很得意自己的嘴巴夠甜，做好國民外交，讓當地人對台灣留下好印象。

　　合唱團的歌聲，演唱會的演奏聲迴繞著內皮爾市中心，小小的城市擠滿了與會的人潮，氣氛有如國家慶典，若事先沒做功課，怎麼也猜想不到，這是一個地震紀念活動，災難

Art Deco紀念活動展示的古董車。

台灣留學生與盛裝打扮的兒童合照。

已遠離,沒有默哀,只有慶祝。如今內皮爾已成功撫平地震帶來的傷痛,重新脫胎換骨,內皮爾市民坦然面對過去,並與來自世界各地的訪客共同見證這段不可抹滅的歷史。

結束Art Deco藝術之旅,我聽到一個令人扼腕的消息。原來當天紐西蘭總理海倫克拉克曾經親臨內皮爾,與民眾們同歡,而我竟然跑得不知去向,無緣親睹女性總理的風采,想到就很「鬱卒」。

來到內皮爾,酒莊之旅也是推薦行程之一。我曾參加過一個品酒活動,服務人員大方的讓大家品嚐6種葡萄酒,我喝不出它們的不同,但許多品酒專家一沾口就能分辨出葡萄酒的種類、年代。

在內皮爾也很容易買到物美價廉的葡萄酒,買回去送人非常氣派大方,誰料到一瓶葡萄酒只花了5塊錢紐幣?我遇到的紐西蘭人,辦生日派對、聚會或請客,幾乎都少不了葡萄酒。

內皮爾依臨太平洋,「Information Center」後門的露天咖啡座,就面對著藍綠相間的海洋,每次與朋友到這裡來洽詢旅遊事宜,我們總是拿著資料在此討論,耳邊傳來波濤拍岸聲,迎著海風,雖然面頰不免有刺痛感,但總讓人不自覺地微笑起來,又想起一則令人低迴不已的神話故事。

傳說中的主角,是一個名叫潘妮亞(Pania)的海中少

女，她就居住在紐西蘭北島東海岸。每當旭日升起，她便與海中生物一同游出水面，日落時又沈入海灣。

潘妮亞隨著日升日落舞動的曼妙身影，一一映入毛利酋長的兒子凱瑞托奇（Karitoki）眼簾，每天夜晚，凱瑞托奇總是壓抑著對潘妮亞的強烈情感，來到潘妮亞時常出沒的水邊，因為那裡有最甜美的水和世界上最可愛的少女。然而，凱瑞托奇並不知道，潘妮亞早就注意到俊美的他，並且觀察了他好久。

潘妮亞確定自己早已愛上凱瑞托奇後，便輕聲唸了一段咒語，帶起了一陣風，讓相思已久的兩人面對面，並陷入熱戀。他們秘密結了婚，並且誓言不離不棄，住在內皮爾防波堤旁的一個溝渠附近。那是一個黑暗的地帶，沒有人看得到他們。

然而，一到日出時刻，潘妮亞仍須一如往常地游出水面，對此，凱瑞托奇說什麼也不願意讓潘妮亞離開。潘妮亞告訴丈夫，她並不屬於人類的世界，錯過每日清晨游出水面的時機，她將會死去。潘妮亞也再三保證，她會在日落時回家，與丈夫團聚。凱瑞托奇雖然滿心不願，但害怕潘妮亞真的會死去，只好答應她的請求。

婚後的凱瑞托奇，不斷地向身邊的友人炫耀自己有一個天下無雙的好妻子，但是沒有人相信他所說的話，甚至還認

為他瘋了。只有村中一位年長的智者，相信海中少女的存在，也相信她已成為凱瑞托奇的太太。

這位智者告訴凱瑞托奇，只要讓潘妮亞吃下煮熟的食物，潘妮亞就再也回不到海中。凱瑞托奇聽完後大喜，當天晚上就趁妻子熟睡時，取了熟食放入潘妮亞口中。

一隻具有靈性的貓頭鷹目睹這一刻，情急地叫了起來，驚醒了潘妮亞。潘妮亞知道，她的生命已產生危機。她逃出了她與丈夫的愛巢，躍入水中，然而海中的族人卻將她圍起來，並把她強壓入海中的深穴裡，讓她再也回不到人類的世界。於是，凱瑞托奇從此失去了潘妮亞。

據說，當人們乘船通過沙洲暗礁，只要深深凝視水中，就能看到潘妮亞的手臂伸出水面，好似在告訴眾人，她多麼渴望回到丈夫身邊，延續他倆的愛情。雖然潘妮亞的心願始終沒有達成，但她與凱瑞托奇的兒子，常把自己變成魚類，負起保護這片汪洋的責任。

可見，內皮爾行銷國際的，不只是藝術，不只是商品，不只是景物，更難能可貴的是，一個復活的經驗。我曾想，說不定有朝一日，台灣的埔里也能成為第二個內皮爾，外來觀光客與當地居民一同慶祝重生。

內皮爾市中心的塑像。

Hastings
哈士汀斯
■城市鄉巴佬的果園記事

做一個最簡單的動作──深呼吸，就好像喝了杯水果酒。

　　說來慚愧，吃了一輩子的水果，真正置身果園卻是第一次。雖然小時候曾跟著學校參觀過觀光果園，但年代久遠已不復記憶。

　　紐西蘭是農業國家，除了牛羊的數量比人多之外，紐西蘭人也習慣在庭院裡栽植果樹，常有來自都市的觀光客順手摘了就吃，甚至拿著塑膠袋收集掉落在街上的成熟果子。

入秋的哈士汀斯。

第一次參觀果園，是到內皮爾的姐妹城市——哈士汀斯（Hastings）。果園主人親自接待我們，他已年過70，50年的歲月都獻給了農業，或許是農事粗重，加上果園風光怡人，空氣清新，才讓他鍛鍊了強健體魄，雖已步入老年，卻是肌肉結實，紅光滿面，說起話來中氣十足。

正值紐西蘭盛夏，烈日當空，一片雲海堆絮，山風送來水果甜香味，直沁入肺腑，做一個最簡單的動作——深呼吸，就好像喝了杯水果酒。

因為果園太大，主人體諒我們是太過「嬌嫩」的觀光客，於是親自駕車帶我們環繞園區。園區中，李子園占了最大片面積，成熟鮮豔的李子遠看像是紅寶石結晶，主人放我們下車，親自採了幾枚李子塞到我們手中，也歡迎大家自由摘取。

過了李子園，就是蘋果園和水蜜桃園。走在繁茂枝椏間，果香含著葉香撲鼻而來，主人大方的說，果子很多，不怕你摘，但這些觀光客並不貪取，每個人只摘了一、兩顆便塞入嘴裡大嚼。

我禁不住問：「你們吃水蜜桃不削皮嗎？」

日本觀光客笑著說：「紐西蘭的水果沒有農藥，我們很放心。」

另一位吃著蘋果的大陸學生則表示：「泥土有鈣質，洗

過的反而不好。」

　　我摘下一顆連枝帶葉的蘋果，這可是我第一次摘水果，第一次拿到連著枝葉的蘋果，左瞧右瞧，就是不敢爽快地張口就咬，心想會不會一咬下去，就有一條蟲爬出來？這個蘋果被我放在書房內，直到葉子枯萎，我才狠下心來吃了它。

　　一排果樹後面是一大片翠綠的菜園和小型農場，一群山羊看到果園主人，很興奮的奔向他，果園主人說：「現在是他們的點心時間。」果園主人俐落地削著蘋果，要我們幫他餵這群可愛的山羊。

　　我是典型都市小孩，第一次摸到羊，第一次離羊這麼近，第一次餵羊，由於有太多的「第一次」，我情不自禁地發出驚嘆聲，其他的外國觀光客都不敢相信，竟然有人「俗」到這個地步，連果園主人還特別叮嚀我：「Be careful！」因為太過興奮可能會嚇到羊群。

　　這群貪吃的傢伙，一擁而上掙食，個子矮小的羊顯得吃虧，只能用無辜又乞憐的雙眼看著我們，企求我們能蹲下來餵他們，才不會被高大又霸道的羊搶食。俗話說，眼睛是靈魂之窗，難不成羊的情緒也能由眼睛中透露出來？

　　這裡是屬於哈士汀斯的觀光果園，入口處還有專賣紀念品的商店，價格都不便宜，遊客也可以在店內享用園內新採收的水果。如果園區內有旅社，能在清芬四溢的果香中入

哈士汀斯的果園與菜園。

眠,與大自然原野樸實的氣氛合為一體,相信我能徹底地脫離「城市鄉巴佬」的一員。

另外,值得一提的是,紐西蘭的水果產量豐盛,鮮嫩多汁,物美價廉,超市裡琳琅滿目任君挑選,在紐西蘭這段期間,我沒削過蘋果、水梨,甚至連吃水蜜桃也是連皮帶肉大快朵頤。

有時候行經紐西蘭人的庭院,或參觀果園風景區,看到滿地散落的水果無人撿拾,任其發臭,就覺得太浪費了!紐西蘭人何其幸運,有這麼優厚的自然生活環境,是該更為珍惜大自然獨特的賜與才對。

　　在紐西蘭，總是不斷地被驚豔，想介紹紐西蘭，也要不斷地說故事。當車子攀上曲折險峻的山路，司機娓娓道來一個毛利痴情酋長的神話。

　　故事的主角名叫Te Mata O Rongokako，他是一個高大的巨人，愛上了另一位酋長Heretaunga的女兒，Rongokako沒有權利慾，但為了追求美人執著不悔。然而，Heretaunga的女兒並不怎麼領情，要他完成許多不可能的任務。

　　雖然Rongokako都如期通過考驗，但美豔的酋長之女還是出了最後一道難題給他，要他吃下一條介於海岸與平原間的道路，開鑿成另一條通道，方便居民的往來。為了感動深愛的人，Rongokako二話不說就答應了，但這個任務卻奪走了他的生命。他的遺體形成了蒂瑪塔峰（Te Mata Peak），也就是紐西蘭北島迎向第一道晨曦的山頭。

　　蒂瑪塔峰是居高鳥瞰霍克灣全景的最佳地點，群山疊翠綿延無際，似乎一陣風來，就會把人吸入其中，面對大自然，人，真的顯得愈來愈渺小。我環顧四周，時已近黃昏，暮色漸漸將人包圍起來，坐上回程的巴士，我向遠方山群揮揮手，祝她們今夜有個好夢，得以迎接明日的曙光。

攝於東加里羅國家公園內,找得到魔戒的影子嗎?

Tongariro
東加里羅國家公園
■風刀霜劍嚴相逼

深怕一放手，就會向綠野仙蹤裡的桃樂絲一樣，被吹往另一個世界。

　　東加里羅國家公園（Tongariro National Park）有著顯赫的背景身份，不只是「魔戒」在此取景，它還有許多來自國際的輝煌紀錄，比如說，它是著名的世界遺產區，是世界第二大國家公園（次於美國黃石公園），是世界上第四個建立的國家公園。東加里羅國家公園之於紐西蘭的意義，更是一部光輝古今史，因為它是紐西蘭最古老的國家公園，也是第一座由原住民獻給國家的天然遺產。

　　東加里羅國家公園聲名至今居高不下，吸引「魔戒」的劇組，吸引挑戰大自然的登山客，吸引尋找電影中哈比人的夢想家，吸引我這種只想湊熱鬧的旅行者，當然，它的背後免不了一段傳說。

　　Ngatoroirangi是位探險家，也是一位酋長，他與一位名叫Horonuku的原住民，將東加里羅山脈獻給國家。Ngatoroirangi在探險東加里羅山時，因環境嚴苛瀕臨死亡，臨死前，他由家鄉Hawaiiki聯絡姐妹發送火焰過來，他的姐

妹真的傳寄了火陷給他，但火陷行經之處卻留下長長的火山燃燒軌跡，由唐格踏普（Tongatapu）穿越懷卡利（Whakaari），過境羅托魯瓦與陶拉努（Tokaanu），直到東加里羅山的斜坡。

　　由內皮爾一路開車到陶波，天氣頗為溫暖，但愈往西部山上開，沿路的風景由新綠到光禿，道路也愈來愈崎嶇不平。要享受誘人的風景，就得忍受奔波之苦，這次的行程，讓我體會到暈車藥的可貴。

　　東加里羅家公園的面積有8萬公頃，我們還沒弄清「入口」處時，就大搖大擺地進入一家古色古香的城堡旅館借洗手間，但我們看到門外的「Grand Chateau」，才知曉我們早已

東加里羅國家公園的壯闊造景。

置身在園區內了。

千萬不要小看這家外觀不甚華麗的「Grand Chateau」，它是五星級飯店，進了門就能感受豪華，連洗手間都頗「高級」，「魔戒」的工作人員在東加里羅國家公園取景的那段時間，就是下榻於此，並把「Grand Chateau」視為他們的家。

我們有一個共識就是寧可把旅費花在遊覽更多的景點，住宿方面不需太講究，因此無法砸錢享受貴族般的招待。想到住一晚「Grand Chateau」的錢，可以住一星期的平價旅社，看來想當個貴族旅人，只能把希望寄託在未來的奇蹟。

車窗外開始飄起雨來，冷風颼颼，寒霧籠罩山峰，卻有許多神勇的登山客身著短衣短褲，而我們卻開始把厚重的衣

服全往身上套，雙方成了強烈的對比。跟我們一起旅遊的歐洲遊伴，他只套上一件薄外套，連保暖的帽子都不帶，他還強調，這種天氣只能算涼爽，真正的冰天雪地要到他的國家去體驗。

當我們看到窗外開始飄起細碎的雪花，歡呼聲同時響起，透過門窗，我們看到紐西蘭旅行團「Kiwi Experience」的覽車在風雪中似乎搖搖欲墜，但有許多愛好冒險的登山客卻是躍躍欲試，這群西方人早就抱著征服大自然的決心了。

那時是初秋時分，雪花輕得像雨滴，這片荒蕪空曠的平原地，曾是「魔戒」裡的戰爭場景。我們五人一同爬上小丘，下面就是深不可測的山谷，瀰漫著細微的煙霧，冷不防一陣寒風砭骨，一把透明的刀刃劃過臉龐，讓人不禁打了一個冷顫，我們站在岩石上取景拍照，還要一邊留意險要的地形，因為一個不慎，就會粉身碎骨。

我看到更高處，有一群人抓著登山杖，引吭而歌，臉露勝利的微笑，繼續前行。

隨著攀高，耳邊呼嘯的風響愈加激烈，甚至必須扶住岩石，才能支撐不倒下。高崗上凜列的狂風，正對一群冒險的登山客下戰書，那是發瘋失去理性的風，被施了魔法的風，根本就是抓狂了，只能用「風刀霜劍嚴相逼」來形容。

我們四個亞洲人緊偎著岩石不敢再前進，其實是，迎面

「魔戒」劇組下榻的五星級旅館。

而來的打頭風，挾帶雪片撲來，我們根本前進不了，反而還
會倒退，但「不怕死」的歐洲遊伴還想繼續挑戰，他竟然
說，我們等風停了再爬，不達終點不輕易放棄。四個亞洲人
異口同聲表示不願再前進了，他以少無法敵多，只有跟著我
們一起「投降」。耳邊的狂嘯聲猶在，方才險象環生，令人餘
悸猶存。

　　風是無形無影的大自然現象，但祂憑藉著萬物昭告祂的
存在。後來，東加里羅國家公園的旅遊照片洗出來後，我發
現一張「經典」照片，我抓著帽沿，面露驚懼的表情，眼睛
快睜不開，朋友們看得莫名其妙，他們說，我只是站在那
裡，為什麼這麼害怕？天知道，按快門的同時，我正經歷了
一場天人拔河賽。

東加里羅國家公園是一個什麼樣的地方？由芳草地到大森林，由平靜的湖泊到沙漠，以及活動的火山。探訪過程中的高山植物，濃密生長的草叢與亞麻，在生長條件極為嚴苛的環境下掙扎，火山的活動對植物的成長不啻是雪上加霜，但在物競天擇之下，它們活了下來，在陶波的火山爆發中，因為西南方魯瓦皮湖山的掩護，又幸運逃過一劫，才有今日宏偉壯大的造景，處處充滿驚喜。

這是一個值得繼續認識下去的世界遺產，每前進一步，都能體會到萬物不息，熱愛生命的天性，先人必須在嚴酷的條件下生存，在完全沒有科技文明的原始世代，以性命相駁，造福後人。

離開東加里羅國家公園前，我打算買個小東西，紀念這一路的驚險，但信用卡竟然刷不出來，看著使用現金卡的遊客輕易地買到5折的特價品，我簡直欲哭無淚。我們都認為這是地方太過偏遠造成的影響。

唉！紐西蘭就是有這個小缺點，全民習慣用現金卡，但每刷一次都要扣幾毛錢的手續費，全世界通行的VISA卻不夠普及，而且刷卡失效率不低，每次使用信用卡消費，我都在默唸，千萬不要出現「Decline」的訊息。

New Plymouth
新普里茅斯
■衆人皆睡我獨醒

或許是海帶來的安寧，走在嘈雜的街頭，卻覺得這是一個很靜的城市。

　　復活節有4天假期，我與一對台灣來的情侶，以及泰國、捷克的遊學生決定規劃一場3天2夜的行程，原本計畫往內皮爾南部的城市跑，但翻閱不少旅遊資訊，無意中獲知湯姆克魯斯主演的「末代武士」曾來新普里茅斯取景（New Plymouth），工作人員還在塔拉那其省（Taranki）待過數個月，於是我們一致決定往紐西蘭北島西部前進。

　　時間迫在眉睫，很多汽車旅館都客滿了，還沒客滿的旅館都貴得嚇死人，我們五個人輪流打電話，每個人都滿身大汗，因為電話英語是最大的考驗，除了曾被沒耐性的總機掛電話外，我竟然還遇到一位好心的總機糾正我的英文。

　　新普里茅斯的汽車旅館訂下來之後，台灣情侶貝尼和珍妮負責租車。他們講價的功力不俗，車主願意以一日50元紐幣出租給我們，而且車子還是新的呢！不是中古貨。

　　一路上，雖有美好的風景伴我們渡過長途車程，但山路迂迴不平，我和珍妮是屬於容易暈車的體質，路途中好幾次

停車,都是為了讓我們舒緩一下不適感,有些好心的人,以為我們車子拋錨,還主動停車詢問要不要幫忙,讓我感到很窩心。

紐西蘭堪稱一步一景,在搭車的時候感覺最深刻,即使瞬閃而過,也會忍不住留連張望。站在車外,面前就是萬壑千岩,險峻的危崖邊還有數不清的山羊群,閒適自在地吃草。萬物都有其生存的本能,陡峭的峰巒,一般人不可能下得去,牠們卻如履平地,難怪被命名為「山羊」。

新普里茅斯位在北島西海岸,蘊藏豐富的石油與天然氣,是塔拉那其省最重要的城鎮及海港,跨過汪洋,就是澳洲了。

終年經海風洗禮,空氣中飄浮的粒子冰涼而透明。海岸線雖可人,但吹新普里茅斯的海風卻一點也不浪漫,而是嚴寒襲體,有一種「全身都在冒煙」的冷酷錯覺。風是看不見也摸不著的自然現象,一切憑各人感受,新普里茅斯的風,真是不討好。

雖說新普里茅斯是塔拉那其省最熱鬧的城市,生活相當便利,但或許是海帶來的安寧,走在嘈雜的街頭,卻覺得這是一個很靜的城市,靜到聽得見濤聲環繞耳際,靜到聽得見內心最深處的聲音。

新普里茅斯不像是個已開發城市,也未沾染大城市龍蛇

山丘形建築（Puke Ariki）。

混雜的氣息，而是眾人皆睡我獨醒，堅持該有的純樸，所凝釋出來的清靜。新普里茅斯並不是遊學熱門地點，因此華人不多，若想避開華人圈，一定要到新普里茅斯走一趟。

　　一棟山丘型建築——Puke Ariki吸引我們的目光，它的設計取材自空間概念與線條，不同的角度，呈現不同的幾何圖像，毛玻璃外牆的斜線則是毛利編織技術得來的靈感。「Puke Ariki」是毛利語，意指「首領的山丘」。遠遠的就看到人山人海進出「Puke Ariki」，原來這棟建築物是由圖書館、博物館和「Information Center」所組成。

　　想瞭解塔拉那其省的過去、現在與未來的故事，館內有一處放映室，提供遊客免費觀賞相關影片，放映室的座椅顏色鮮明，還閃爍著流動的螢光，好像來到迪士尼樂園的多媒

景緻清幽的艾格蒙特國家公園。

體室，小朋友們對塔拉那其省的歷史毫無興趣，只對特殊座椅抱持高度玩心。

　　Puke Ariki的本質就是在獲悉「我是誰」、「我從哪裡來」以及「我往何處去」，透過展覽品、工藝技術及影片，藉著古代與現代的資訊將Puke Ariki與世界做聯繫，也將廣大的世界與Puke Ariki結合，但身為一個旅客，實在不必要為這些哲理鑽牛角尖，甚至不需要深思，旅遊，就是要輕鬆自在。

　　撇開這些嚴肅的主題，我們五個人忽然看到一個有趣的男子，在大冷天穿著影集中超人的三角褲，大方的在博物館內招搖，路過的亞洲人對他投以異樣好奇的眼光，倒是紐西蘭人對這種怪現象視若無睹，似乎已習以為常。

　　新普里茅斯有不少百貨店、精品店，地下樓的美食街很擁擠，跟台北新光三越的美食街有得拼。

　　我們看到一家華人自助餐區推出一種依盤子大小收費的方案，盤子愈大收費愈高，顧客可隨心所欲地把食物堆在盤子上，不管堆了多少食物，都收一樣的價錢。糖醋排骨和黃金炸雲吞頗受亞洲食客青睞，光點這兩樣就夠飽了。或許是堆積木訓練出來的功力，我把食物堆得像小山，卻吃不完而請同伴幫忙「解決」。

　　紐西蘭有14個著名的國家公園，艾格蒙特國家公園（Egmont National Park）就位在新普里茅斯西南方20多公里處，艾格蒙特山（又名塔拉那其山）就獨立雄峙在園區範圍內，也是電影「末代武士」裡的日本富士山。談到這座完美的休眠火山，毛利人有一個傳說，解釋這座火山錐為何孤立在北島西岸。

　　塔拉那其山原本與其他3座火山——Ngauruhoe、Tongariro及Ruapehu比鄰而居，但他愛上了青春美麗的Pihanga火山，惹得其他3座火山大吃飛醋，其中以Tongariro的醋意最大，它來了個劇烈的火山爆發，就把塔拉那其山這個「情敵」往西方逼退。塔拉那其山逃往西部後，就此定居在這個遺世獨立的海岸線旁，它的遷徙也開挖了旺格努伊河的河床。

　　傳說是假的，卻為愛格蒙特山添上了一筆神秘的色彩。艾格蒙特國家公園有13個入口，算是紐西蘭14國家公園中，

十分平易近人的一個。溫和的海洋性氣候，使得許多高山雨
林植物生長繁茂，爬得愈高，景色愈顯得變幻無窮，但氣候
的變化也愈大。

　　我們在早上十點半抵達此地，是一個陽光普照的好天
氣。於低地的林蔭步道上散步，包圍在綠色高山叢林間，嗅
得到森林芬多精的清新氣味，翠綠的景緻在此無限拓展，不
知盡頭在何處，卻有一種幸福的滋味，覺得透體舒暢，完整
的做了一個森林SPA，也像一個免費的全身美容。

　　幸福是很抽象的「感覺」之物，它在一個最簡單的地
方，卻只讓有福之人發現。

由樹的縫隙中拍，跨過汪洋，就能到達澳洲。

Waitomo
懷托摩
■洞穴裡的銀河系

想像成是武俠劇裡的佈景，這必然是武林高手養精蓄銳的地方。

　　由內皮爾到懷托摩（Waitomo），並沒有直達車，必須搭長途巴士到羅托魯瓦，再轉乘懷托摩專車才可到達。懷托摩與羅托魯瓦約兩個鐘頭車程，雖然交通較不便利，但專車時常客滿。

　　我和智惠自從一起到南島玩過一圈後，我們就好像連體嬰一樣。智惠有一個古怪的Home Mother，她命令智惠假日必須出門，不得待在家中。女王紀念日讓大家賺到了3天假期，Home Mother又照例把智惠趕出門，要她：「跟妳的台灣朋友去玩。」因此，我的懷托摩行程延期到六月份。

　　懷托摩最著名的景點是鐘乳石奇觀與螢火蟲洞。六月是紐西蘭的冬天，天氣很不穩定，許多城市久雨不歇，也讓我們差點進不了懷托摩岩洞。

　　懷托摩擁有兩家Information Center，我和智惠興沖沖地跑進其中一家買入場券，卻獲得一個晴天霹靂的壞消息。服務人員說，因為前晚雨勢過大，懷托摩岩洞嚴重積水，目

前已封閉。我和智惠直覺得大叫一聲，不敢相信這個事實，千里迢迢搭了6個小時的車，付了2個晚上的住宿費，結果卻白跑一趟。

　　我不死心，又跑到另外一家Information Center詢問，結果卻得到令人振奮的消息——懷托摩岩洞完好如初，不受影響，有好幾個隊伍即將出發。我高興得跳了起來，直誇自己聰明，但也忍不住抱怨那位提供錯誤消息的服務人員。

　　懷托摩岩洞原本在深海中，千萬年來歷經地質變動，才有鬼斧神工的鐘乳石奇觀。岩洞口非常小，但內部寬敞，光線幽暗，冒然進入很容易困在裡面出不來，又基於保護自然景觀的考量，遊客們必須跟著導覽人員進入，途中嚴禁照相與觸摸。

　　鐘乳石巨穴常年漆黑如墨，石柱、石筍林立，千嬌百媚地對遊客搔首弄姿。有的鐘乳石是半透明的，長長的滴水型，打上黃色的燈光，遠觀猶如宮廷專用的豪華吊燈；最醒目的是一座鐘乳石大教堂，與鐘乳象雕，讓人分不清是人工造就還是渾然天成，但導覽人員向遊客打包票，觸目所及奇形怪狀的鐘乳石群保證都是天然形成，不假人工雕塑。

　　稍微發揮一下想像力，若這裡是一座哥德式教堂，那頭大象必然是虔誠的朝聖者，也像教堂的守護神。想像成是武俠劇裡的佈景，這必然是武林高手養精蓄銳的地方，練就一

由岩洞內拍攝洞外的景色。

身超凡的武功。

　　到懷托摩之前，我從未實地看過螢火蟲，國中時代看日本卡通與武俠劇，對螢火蟲有了刻板印象，認為螢火蟲的光是閃爍不停的金黃色。

　　懷托摩洞內數百萬隻螢火蟲，品種較稀有，牠們棲息在暗無天日的古老石洞裡，猶如滿天藍色星斗棋布，光源穩定，一點也不會閃爍，像是迷你小燈泡，牢牢地貼在岩壁上。我們乘坐小船，望著數以萬計的螢光燈，特別能體會徐志摩的名句「數大便是美」，同時也不禁讚嘆：這是夢中世界，還是神仙境地？

　　在懷托摩洞中，數不清的螢火蟲無聲地釋放短暫的光與熱，再默默地結束絢爛的一生，生命的開始到結束，就在彈指間，他們無法「長命百歲」，但有幸生長在與世隔絕的洞天福地中，用自己的方式熱鬧著，直到老死，也是一種幸福。

　　螢火蟲怕光、怕吵，這群「小」朋友過慣了清淨的生活，閃光燈、談笑聲都會驚擾到牠們，因此螢火蟲洞內嚴格禁止照相，當我們乘著小木船進入洞內時，每個人也都屏氣凝神，深怕呼吸聲會驚嚇到牠們。

　　隨著小木船緩緩行進，滿岩壁藍燈的奇景，彷彿映照著旅人遠行的心情，又像是外太空的銀河奇觀，遼闊深遠，不知盡頭在何方？

　　比起英國Wooky Hole的陰森詭異，懷托摩岩洞可貴的是生命的奧妙，雖然無法用相機留下紀錄，但我已將那一室璀璨深印腦海。紐西蘭人保護自然環境猶如嬌寵自己的兒女，觀光業的發達，算是最貼心的回饋。

　　出了神秘的洞穴，我們趕至安哥拉兔的剪毛秀現場。安哥拉兔是德國品種，體型比一般的兔子大2、3倍，兔毛潔白柔軟。這家小店是兔毛產品專賣店，他們自行照顧飼養嬌貴的安哥拉兔，也宣稱是紐西蘭唯一一家可看到巨兔剪毛秀的地點。

　　兔子先被放在除毛機器上，四肢固定，完全無法動彈，等到除去背上的兔毛後，鐵架翻轉一圈，兔子腹部朝天，卻毫不掙扎。許多愛護動物的遊客直呼殘忍，好像把牠放上刑架，任人宰割，但服務人員說，因為兔毛太過飽暖，不幫牠們除毛，這群可愛的兔子就會因體溫過高而死亡。

　　另一位服務人員又抱來一隻兔子上展示台，歡迎遊客們與牠合照。我仔細觀察這隻兔子，牠全身不停的抖動，服務人員說是因為太悶熱，把厚重的毛剪掉，牠就會舒服多了。

　　剪毛秀是免費的，但主要也是為了推銷兔毛製品，而且價格都不便宜，一頂手工帽就要65元紐幣，圍巾、外套、手套、娃娃鞋、絨毛玩具等，價位都哄抬得很高，還是有大方的觀光客爽快地刷卡購買，立即將這些高檔貨套在身上，滿

足地在鏡子前擺POSE。

　　懷托摩有塊面積極廣的山坡地，連成一大片平滑的綠毯，部分占地規劃為牧場，有幾戶人家就蓋在這片無垠無涯的青色世界中，享受著寫意人生。

　　山居歲月飄逸淡然，千姿百態的群山，不知撫慰了多少人的心靈；峻嶺為床，白雲為被，與林間飛鳥並行，又是多少人奢侈的渴望？但對這些居民來說，卻是唾手可得，張開雙手，萬物都在掌中。若真的有幸長居於此，或許我不會在電腦前辛苦作業，而是遁入雲深不知處，再也不讓人找到。

　　隨著腳步漸行漸遠，這幾間平房已被強烈的綠意吞噬無蹤……。

剪毛秀上演了。

Auckland
奧克蘭迷途記

外來文化強化了當地資源，但無形中也削弱了屬於「本土」的色彩。

　　內皮爾沒有國際機場，所以要回台灣必須先到奧克蘭（Auckland）住一晚，才能趕上回台的班機。回台前，我一直在「掙扎」到底要花錢求方便搭飛機到奧克蘭，還是省錢耗時搭長程巴士奔波6個鐘頭？後來聽有經驗的朋友告知票價，原來短程機票和長程巴士的價差不到10元紐幣，搭飛機絕對比較划算。

　　而我親自到遊客諮詢中心打聽後，竟得到一個令人振奮的消息，亦即現場購買內皮爾到奧克蘭的巴士票價打5折優待，打折下來不過40多元紐幣而已。

　　紐西蘭的售票方式十分有特色，愈早訂愈便宜，連船票、機票也不例外。有了經驗，把握「即時搶購」的原則，常常讓我買到便宜票，最驚人的一次，是我由基督城飛往威靈頓的機票竟然只有29元，讓許多人都不得不承認，在省錢方面我實在是個狠角色。

　　對此，我只能說，資金不足卻又抵擋不住旅遊的魅力，

奧克蘭的地標Sky Tower。

只好錙銖必較地做最經濟的打算,再滿足的回國。

　　行李很重,又不想搭計程車,我找到一家提供接駁服務的平價旅館,沒想到卻被放鴿子,我只好迎著冷鋒面,拿著地圖,帶著將近30公斤的行李,辛苦地在偌大的奧克蘭市找尋。一路上也遇到計程車司機問我是否有意願搭乘,心裡雖然很想,但也硬著頭皮拒絕;只是更不巧的是,找人問路,竟然都遇到對奧克蘭不熟悉的外地人。

　　走著走著,發現奧克蘭市中心已愈來愈像華人城,幾乎找不出當地的特點,甚至嗅不出屬於紐西蘭的味道,似乎漸

漸被「漢化」了。或許這就是國際大都市的特色，外來文化融入當地資源，但無形中也削弱了屬於「本土」的色彩。

看看錶，我已經找了一個小時。等紅綠燈的時候碰到一對台灣夫妻，在紐西蘭，聽到華語是家常便飯，聽到台語就特別親切了，我主動向他們打招呼，原來他們是跟團旅遊，行程即將結束，而且第二天竟然跟我搭同一班飛機呢！他們看我好像急得一身汗，關心的問到底找不找得到旅社，雖然他們幫不上忙，聽在耳裡還是挺感動的。

繼續走著走著，我終於無力的倚著紅綠燈想休息一下。坐在大行李上研究地圖，兩位好心的西方婦女問我是不是迷路了，我苦笑地點頭，在她們的指點下，我嘔得想給自己一巴掌，因為那家旅社就在大道旁的一個小巷子內，我轉了幾圈都只是在大道上行走，完全不知自己的旅館就在眼前。

我的方向感始終「驚為天人」，明明旅社就在附近，卻還是找不到，常常轉了半天又回到原地，結果目的地就在一步之遙。

我找的這家平價旅社只做外國人的生意，不招待本地人，更特殊的是，他們不用鑰匙，而是用刷卡的方式開門，但卡片似乎不太靈光，一個晚上就換了5、6張卡。暗罵他們不守信用放我鴿子，又給我爛卡，但念在他們貼心地替我安排一位台灣女性室友，就暫且饒他們一次。

　　這位台灣室友是參加紐西蘭果園打工計畫的第一批台灣青年中的一員,她二專畢業就未再升學,工作幾年後,曾到澳洲遊學一年,因為想多歷練而沒回原公司上班,反而毅然決然參加紐西蘭打工方案,一邊工作也一邊旅行。聽她簡述自己的背景,讓我又深深感到,愛好旅遊的人,即使一時間找不到知己,在旅途中也會突然發現自己知音滿天下,誰說旅人總是有意無意覺得自己孤單?

　　第二天起床趕搭機場巴士,她還在睡夢中,我們連電子信箱都忘了交換,一直到現在,我連她的名字都不知道,也

幾乎忘了她的臉孔，但我相信，熱衷旅遊的人，總有比一般人更多難以置信的巧合，總會用各種出奇不意的方式碰面，有沒有留下聯絡資料，就不重要了。

　　體會到人生的短暫與無常，希望在最沒有包袱、沒有家累的時候做「自己」；世界之大，實在需要窮盡一生的力量去探尋，不斷地安排下一次的行程，一個夢做完了，再做另一個更甜美的夢。突然憶起老頑童劉奇偉先生在北藝大演講的身影，不知自己老的時候，有沒有如此強健的體魄？對旅行的執著是否如一？

奧克蘭的夜景。

lifestyle

生活篇

紐西蘭奇異國

我的古怪室友

我曾暗示過艾迪,過度縱慾,小心「精盡人亡」。

他的名字叫做艾迪,印度人,他的皮膚一點也不黑,反倒像是黃種人。剛搬進宿舍的時候,我就發現他的英文好得嚇人,一問之下,才知道他有ITLES8.5的好成績,而且是一試過關。他在紐西蘭完成碩士學位,目前在紐西蘭的某電腦公司當工程師,每個月約有台幣八萬元的高薪。

聽到他的高薪,想必台灣苦哈哈的上班族都會羨慕不已,但在某個週末跟他隨意聊天,才知道他努力存錢的原因,竟是為了到處旅遊,尋找「性福」。

他也毫不避諱地問我敏感露骨的話題,他的第一個問題不是「是不是處女」,而是「最喜歡的做愛姿勢」。雖然台灣已經愈來愈開放,這種問題還是在「不便回答」的範圍內。當我告訴他台灣女孩從小被長輩告誡的貞操觀時,他還張大眼睛不可置信,好像聽到了比天方夜譚還神奇的故事。

他對自己的性需求坦誠不諱,不只常在網路上下載情色影片,看得不亦樂乎,還告訴我,他在紐西蘭有10個性伴侶,國籍分別為日本、中國大陸、英國、紐西蘭,但這當中

還不包括一夜情的對象，堪稱是國際大聯盟。

　　他對自己的「能力」也是沾沾自喜，除了尊重與配合女方所需求的姿勢外，還徹底實施紐西蘭的性安全運動——戴上保險套。他最懷念的一次，是在基督城與英國女孩的一夜情。他說，兩人「快樂」的做了2次，他很想好好休息，但耐不住女方的要求，很勉強的又做了第三次。艾迪吐著舌頭說，幸好他每天營養均衡，身強體壯，而且「身經百戰」，不然可要丟臉了。

　　這女孩在英國有男友，她隻身旅遊，難耐寂寞，還說男友不會在意她旅外時尋歡，於是她就這麼在PUB遇上了艾迪。這女孩與他的一夜情相約是：「第二天，你我各不相干。」

　　他們結束「狂野」的一夜後，都沒有留下聯絡資料，艾迪說，如果能再遇到她，他的表現一定會更好。

　　艾迪搬出宿舍前，我曾接過好幾次中國女孩打來找艾迪的電話，她是艾迪的「夢幻」性伴侶，目前在基督城留學。艾迪10個性伴侶中，她是最「得寵」的一個，艾迪常到基督城看她，送她首飾、鮮花和巧克力，並與她翻雲覆雨，每次回到內皮爾，艾迪總是帶著美麗的回憶回來，艾迪憐愛她的程度，很多人都以為她是艾迪的正牌女友。

　　艾迪幾乎每天吃兩個蛋，我好奇的問他，一個蛋已經有足夠的營養，何必吃兩個？艾迪舉起手臂，擺出大力水手卜

派（Popeye）吃過菠菜後的強壯姿勢說：「為了性！」

我曾暗示過艾迪，過度縱慾，小心「精盡人亡」，但他頗不以為然的反駁：「我現在不到三十歲，體力超猛，說不定再過幾年，我就會對『那檔事』失去『性趣』，所以我要趁這幾年好好『發揮』，『造福』天下美女。」

艾迪不只一次的強調，他在努力存錢，存夠錢就要環遊世界，並與每個國家的美女渡過火辣的夜晚。

身為朋友，我只能祝福他：「美夢成真。」

信用卡烏龍

向客戶討信用卡卡號在紐西蘭很普遍，大家也都沒想太多。

紐西蘭是很講究信用的國家，事先預定旅館、機票，都必須提供信用卡卡號。若怕被盜刷而不願提供資料，則必須在遊客諮詢中心（Information Center）付款，才能確認預訂成功。

在台灣，信用卡盜刷頻傳，讓人莫名其妙多了一堆債務，這樣怵目驚心的新聞事件，讓台灣人保護信用卡資料都來不及，怎麼可能把信用卡卡號交給陌生人？因此，第一次安排紐西蘭的定點旅遊，我以電話預訂陶波的小旅社，總機向我要信用卡卡號時，我緊張得不知所措，只好假稱自己沒有信用卡，而匆匆掛斷電話。

之後，向室友瑪琳請教信用卡在紐西蘭當地的使用問題。瑪琳說，向客戶討信用卡卡號在紐西蘭很普遍，大家也都沒想太多，也沒發生過什麼盜刷事件。經過瑪琳的解釋，我像吃了一顆定心丸，但每當報出信用卡卡號時，心中還是有「不怕一萬，只怕萬一」的忐忑不安。久而久之，我才入境隨俗，沒再擔心盜刷的問題。

　　然而,我在南島旅遊的行程中,竟發生了一件烏龍事件,比被盜刷還令人焦慮。

　　那時我在福斯冰河的旅館中,等待冰河健行的活動。趁著空檔,我打電話到基督城訂旅館,誰知電話那頭的工作人員卻說:「Sorry, decline!」這個訊息簡直是「晴天霹靂」,我在台灣的信用紀錄良好,即使在國外,家人也按時替我繳費,怎麼會無緣無故失效?

　　我請他再幫我確認一下資料,但信用卡仍是失效,他叫我打回信用卡公司幫忙處理,我打回台灣的信用卡公司詢問,信用卡公司表明,我的使用狀況正常,不可能失效,如果還是有問題,要我打到紐西蘭的國際台,以當地付費的方式使用信用卡。

　　紐西蘭的國際台電話,必須自己查詢。我向旅館的老闆娘求助,但老闆娘卻不知所以然,於是,我再度打國際電話到台灣的信用卡公司,這次是另外一個工作人員接的電話,她表示我的信用卡沒問題,如果呈現失效,必然是對方打錯有效期限。

　　我半信半疑地打回基督城的旅館,接電話的人不一樣,我先說明剛才的情形,請她幫我核對資料,但她告訴我,我的資料已被刪除了,要我再給她一次信用卡明細。

　　當她告訴我「OK」的時候,我高興得快跳起來。原來我

的信用卡沒有任何問題，只是我的電話卡已經沒有任何餘額
了，想到這裡，不禁「咬牙切齒」地想打那個糊塗的工作人
員，就為了他打錯一個字，我把電話卡的額度給用光了。

這就是紐西蘭境內最常見的Information Center。

紐西蘭奇異國

公園豔遇

一個金髮碧眼的西方帥哥，嘴角揚起令人炫目的微笑。

　　學生宿舍緊連著一個河濱公園，由於一個小門常忘了鎖上，我常由此捷徑出入。我喜歡一個人坐在鞦韆上，享受陽光浴；紐西蘭空氣清新可人，連呼吸都是一種享受。無論由哪個角度看去，都是山巒綿延交錯的自然光景，只要有空檔，我便一個人悠閒地盪鞦韆，盪呀盪的，竟然盪出一個「美妙」的豔遇來。

　　「Hi！」一個金髮碧眼的西方帥哥，嘴角揚起令人炫目的微笑，他的電眼彷彿具有魔力，只要與他四目交接，就由不得移開視線；他的氣質卻像鄰家男孩般平易近人，我們各自坐在鞦韆上，由彼此的國家開始，天馬行空的聊到夕陽西下。我邀請他到我的宿舍瞧瞧，他一邊哼著歌，吹著口哨，又突然一時興起，想表演翻牆特技給我欣賞，我要他看清楚旁邊的標語「警察巡邏」，如果不想被送警，就乖乖的繞路，他那英雄無用武之地的失望表情，還真是可愛極了。

　　他在我的宿舍爬上爬下，一會兒坐在欄杆上，一會兒把扶手當滑梯，看得我膽顫心驚，如果有任何閃失，我可賠不

起。隔壁樓的室友在陽台上舉行週末烤肉派對,香味傳到我的宿舍來。他躲在屋簷下,要我幫他詢問烤肉中的學生,是否能讓他加入。

於是我故意扯開嗓門大喊:「這裡有一個飢餓的人想加入你們,可不可以替我餵他?」他一聽,立刻跳了出來作勢想掐死我,一陣爆笑聲傳來,他飛奔上樓,下來的時候已經拿著一條熱狗和一片烤土司,吃得滿嘴蕃茄醬,逃難似的跑出學生宿舍村,還一邊說:「改天再找妳!」

我一向不相信西方人給的「承諾」,總認為他們沒有東方人重感情,短暫的熱情來得急也去得快,我對他不抱任何希望。第二天下午,我沒去河濱公園,而是躲在房間裡睡美容覺,後來卻被印度室友的敲門聲吵醒。揉揉睡眼,咦?我不認識這個紐西蘭女性,會不會找錯人了?突然,昨天邂逅的大帥哥由陽台邊跳了出來:「哈囉,又見面了!」

他們母子邀請我到家裡玩,也很「大方」的把房間讓給我們,「蹦」的一聲,門關上了!一個東方「美女」和一個西方帥哥,同在一個淺色系、開著昏暗燈光的小房間裡,你想會發生什麼事?不用我說,只要運用一點想像力,就能「心知肚明」。我們很「努力」的展現自己的「能力」,第一個「階段」結束後,我覺得口渴,想要杯水喝,他很「著急」的說:「不要!我們還沒完!」我說:「我現在好渴,喝完了

水，我們再重新『開始』。」我們在床上玩得不亦樂乎，直到大家都累得不想再「堆疊」為止。

門開了，他的母親走進來：「對不起啊！我那11歲的兒子，總是喜歡跟陌生人搭訕，希望昨天沒有打擾到妳才好，妳這麼大了，還得陪他在床上堆樂高玩具和畫畫，真不好意思！」

沒錯，我在公園裡邂逅的大帥哥是只有11歲的尼可，他的全名竟然叫「尼可拉斯」，與一個美國巨星同名。第一次走進他家，他硬是拉我到他的房裡堆樂高玩具，以及畫「風雨雷電」。

尼可的母親唐娜向我解釋，16歲的姐姐凱莉從不陪尼可玩，尼可才常常在公園裡晃，見到陌生人就說哈囉，還有不少人以為他是無家的小孩，昨天回家，她和先生凱文聽到他提起自己在公園裡遇到一個東京女孩，跑到她家去玩，我們怕他碰上壞人，才帶著他到妳家，想看看妳。

從那天開始，我和尼可全家成了好朋友，但台灣和東京的英文也差太多了吧？後來，每次見到尼可，我一定問他：「再說一次，我從哪裡來！」

不管是東西方，「天下父母心」都是一樣的，我也勸尼可，不要隨便和陌生人打招呼，要是碰到騙子怎麼辦？尼可不好意思的低下頭來表示「受教」。

小帥哥最大的專長就是搞笑
以及無傷大雅地惡作劇。

　　不過,他這個「好習慣」一直沒有改。只要和他見面,唯一的活動就是「玩」,他喜歡堆樂高玩具,憑著自己的想像堆出戰車、飛機、霹靂車等男孩子的玩意,讓我見識到西方小朋友在自由體系教育下展現的創造力。尼可也說,他喜歡自由發揮的玩具,拆解了還可以重新組裝,比起玩具店裡,永遠都只有一個表情的絨毛娃娃要有趣多了。

　　我曾問過尼可,當時我們素昧平生,為什麼會跟我打招呼?尼可不好意思的說,我以為妳只有14歲,想找妳陪我玩,沒想到妳比我姐姐還大。

　　什麼?14歲?

　　這可把我樂歪了,大部分的紐西蘭人都猜我18、19歲,而尼可竟然把我看得更小,難不成我保養有道?瞬間少了一半的年齡?原來是,他16歲的姐姐凱莉已經有170公分高,而我看起來嬌小很多,他才誤以為我比凱莉還小,看來,東方人的身型還是很吃香的。

美麗星期天

「尼可，再不過來的話，我就強迫你和我結婚！」

　　人生有時很戲劇化，像是由一連串的巧合拼湊起來。有段很長的時間沒和尼可聯絡，挺想念這個可愛的Kiwi小男孩，卻又不好意思登門拜訪，那天，我又到河濱公園玩鞦韆，竟然心想事成的遇到他。

　　我們又在公園玩到傍晚，我被他逼迫著吊在欄杆上，晃啊晃的，唉！真不符合我的年齡，這是我20年前玩的遊戲，但和一個孩子成為好朋友，怎麼可能不玩遊樂設施？

　　只見他矯健的身手由這個欄杆跳到另一個欄杆，足讓我汗顏。看來，自己實在太少運動了！

　　有時候他突然惡作劇，在我頭上灑幾片葉子或插朵花，我想抓住他，在他頭上倒些泥土以示報仇，他一溜煙的跑走，即便我跑得氣喘噓噓也追不上。最後，他得意洋洋的從樹後探出腦袋：「Jess，我在這，我在這，妳永遠抓不到我，哈哈哈！」

　　夕陽西下時分，他表示該回家了，他要求我到他家玩，

我對他說,沒和你父母約時間,貿然拜訪很失禮。可是尼可一再表示沒問題,因為他們全家都很喜歡見到我,所以我就答應了。

我到尼可家時,唐娜和凱文見到我都很驚奇,還說早上在內皮爾市中心曾看到我,只是我轉到美食街去人就不見了。沒錯,我當天早上確實到內皮爾市中心去找旅遊資訊。又是一樁巧合之事!

第二天傍晚,尼可赤著腳(紐西蘭的小朋友常不穿鞋到處走動),踏著滑板車來接我到他家,我在他房裡玩樂高玩具和畫畫,我畫的那張「鬼畫符」被我貼在房門口,也是我和這小朋友的友誼見證。可惜,在我回台時竟然忘了撕下那張圖,據新室友說,那張圖還貼在房門口。

這是第一次和尼可共進晚餐,原以為終於可以好好享受「靜」的樂趣,誰料尼可又有新花樣,一下子用馬鈴薯泥和醬料做出火山,一下子又把湯匙掉在地上,一下子又把湯灑在桌上,然後笑不可抑,連唐娜都說話了:「尼可,我們不想要有一個忙錄的晚餐時間!」

尼可調皮歸調皮,卻很聽母親的話,乖乖的把晚餐吃完。這也讓我對西方父母教育孩子的方式起了好奇心,在紐西蘭,父母和老師都不准打小孩,否則要坐牢,如果小孩犯了錯,父母都是口頭警告,絕不動棍子。我還有個新發現,

為什麼西方的小孩很少哭？而東方的孩子卻是動不動就淚眼汪汪？

我觀察過西方的小朋友，跌倒了自己爬起來，不會要人扶，也不會哭，他們喜歡嘗試新鮮的事務，真正做不到才求助長輩，而東方的小朋友則怕犯錯，對不熟悉的事務往往卻步不前。

還有，東方的父母寵孩子，會替小孩子鋪設一條平坦的道路，親自領著孩子前進，讓他們減少跌倒的機會，西方的父母則認為挫折也是成長的禮物，沒有克服不了的困難，即使走錯了，繞回去就好，在走錯的旅途中，說不定能發現另一片美好的風景。

或許也是這個原因，西方人看起來總比實際年齡大幾歲，而年近30的東方人，很可能因為看起來太年輕而被酒吧拒絕在門外。

那天我和唐娜聊得比較晚，她親自用轎車送我回家，即使只有2、3分鐘的路程，她仍然覺得「送妳回家是我的責任」。這個家庭，總不斷給我新的感動。我曾很光榮的秀出尼可的照片，向人介紹這個特殊的「小」朋友。

有人看了尼可的照片，驚呼：「哇！好帥！妳哪裡認識的？你們交往多久了？」聽了我差點昏倒，尼可的年紀是我的一半不到，怎麼可能「交往」？不過，仔細看他，果真是

一表人才，相貌堂堂，唉！被其他人這麼一起鬨，我也禁不住感嘆，尼可怎麼不早出生20年？我相信他長大了會是標準的大帥哥，有很多女孩子排隊等著當他的女朋友。

當我把這個看法告訴尼可時，尼可吐吐舌頭，立刻轉移話題，看他老實害羞的模樣，我也不好意思再逗他。

不過，我和尼可也有一段有趣的「逼婚記」，因為我老是捉不到他，只好扯開喉嚨大喊：「尼可，再不過來的話，我就強迫你和我結婚！」不只尼可愣了一下，站在原地傻笑，連唐娜也捧腹大笑，尼可就這樣的「就逮」了。

我很高興「逮捕」到他，但他不費吹灰之力就掙脫我的掌握，又開玩笑地推我一把，我沒心理準備，也沒想到這11歲小男孩竟有這麼大的力道，差點整個人撲到草地上。還好，唐娜立刻出聲阻止：「尼可，你是男孩子，不准推Jessie，她太小了！」但是尼可竟也不甘勢弱的反駁母親：「才怪，她都快30歲了！」

尼可根本就知道，她母親指的是無法承受那麼大的力道，尼可故意裝傻。

我約了泰國室友小南一起到河濱公園陪尼可玩，尼可旺盛的精力也在此時發揮到最高點，他折了樹枝，「強迫」我和小南陪他玩「Fighting」，就對我們兩人身上揮舞過來，三人手中的樹枝都斷成好幾截後，他竟然又抱了倒下的樹幹往

我和小南身上衝撞過來。

打架遊戲玩膩了，我們決定到河邊散步，可是尼可卻抱著3條小樹幹走入河中央，騎在樹幹上，賴在河裡不起來，甚至耍賴要我們在岸上等他幾個小時。唐娜說：「尼可喜歡玩柴枝或木棒！撿到的時候就像看到寶一樣愛不釋手。」我和小南才恍然大悟，難怪他老是拿木條「攻擊」我們。

不久，我看到一輛熟悉的轎車開了過來，原來是尼可的爸爸來接他們母子回家。

當溼淋淋的尼可爬上岸，眼尖的小南立刻發現尼可的左腳大姆指纏著繃帶，我關心的詢問尼可的傷勢，唐娜搖搖頭說，尼可活潑好動，常常傷到自己，這次竟然拔掉了自己一片腳趾甲，今天是因為太過興奮，才會不顧傷口發炎的危險跳到河裡玩。

此時，我突然發現尼可滿頭金髮很新奇有趣，很想摸摸看與我的黑髮髮質有何不同，他以為我想要整他，立刻敏捷的閃過，跳上轎車向我說再見。後來，我真的摸到尼可的頭髮，真是典型的「柔柔亮亮，閃閃動人」，害我一度想把自己的頭髮也染成與他一模一樣的金色。

小帥哥變成大帥哥了。

尼可的禮物

再幾個星期就要回台灣，我覺得自己該向他說聲再見。

　　我喜歡旅行，足跡踏遍天涯海角一直是我的夢想，既然這是我選擇的生活，就必須面對每一次臨別前夕的矛盾情感──好不容易適應了一個國家、一個城市，正要融入成為當中的一員時，月曆的註記，總在這個敏感時刻提醒我：該回家了。

　　那天紐西蘭國定假日（英女王生日），我才從懷托摩看了螢火蟲洞回來，滿石壁天然的藍色「探照燈」密佈光輝的奇景，禁止照相的遺憾，還在我心中迴繞不去。下了車，我並沒有立刻回家，而是穿過河濱公園，到尼可的家，因為再過幾個星期就要回台灣了，我覺得自己應該向他說聲再見。但他家門窗緊鎖，全家寵愛的貓小姐也沒出來迎接我，我心想，今天是假日，應該是出去玩了吧！

　　我留了張紙條在他們家的信箱內，打道回宿舍，接下來的一個星期，因為回國前有不少私事需處理，我竟然忘了邀約尼可出來聚會這件事，直到我陪智惠回寄宿家庭，經過尼可的家門口，才猛然想起。

出來應門的是一位陌生的中年女性，她說，尼可全家在一個月前就搬走了，不過，她的女兒與尼可是同學，已經把我留的字條交給尼可，她又進屋內拿出字箋，說是尼可的家人要她轉交給我，我可以尋著新地址去找他們。

這個地址，沒有道路名和街名，一點也不像是地址，倒像一個「特別行政區」，看來，只得看地圖找嘍！如果找不到，問問當地人，一定能指點明路。

正當我想著想著，走到家門口時，門口竟擺放著一個木製手工藝品，還有一封信，信封上寫著：「To Jess」拆開一看，這些東西竟然是尼可放的，顯然我到他的舊家找他時，他正好來拜訪我，就這麼擦身而過。

尼可在信裡寫著，很高興當我的朋友，非常想我，但地址和電話卻都忘了留。許多紐西蘭人總少一根筋，尼可就是一個例子。

尼可常少根筋，他親手製作的禮物可是一點也不含糊，他拿米黃色薄木板，再用強力膠黏上幾枚假貝殼，鑲嵌在編成麻花辮的繩子上。

生活藝術課程是紐西蘭的幼稚園、中小學生必修，台灣最重視的學科，在紐西蘭則是順其自然，想當年我在尼可這個年紀時，小學課業繁重，還要課外補習，美術作業根本就是胡亂交卷，這讓我更羨慕紐西蘭政府對全能多元教育的徹

小帥哥親手做的禮物。

底實行。

　　地圖上不過數公分的距離，但我走了將近半小時卻還沒走到，半路被小學生攔截，還問我：「中國人吃不吃狗肉」的敏感話題，尼可的新家在一個寬敞的巷子裡，還沒踏入他們的花園，尼可竟然由屋內衝了出來：「嗨！Jess，我爸爸在樓上看風景，沒想到竟然看到妳，我難以置信，還以為他看錯了！」

　　許久不見的尼可體格更強壯，也和我一樣高了，我打定主意，絕對不能跟他玩「Fighting」，以免自討苦吃。唐娜也聞訊下樓，要我進他們的新家看看，還告訴我，他們在女王生日當天根本沒出遠門，而是待在新家。

　　唐娜說，他們搬家的原因，是想找一個大一點的房子，可以容納好幾個房間，尼可邀請我參觀他的新房，又像獻寶一樣的拿出一張他在藝術課所畫的圖給我看，希望得到一絲讚美。尼可的繪圖天分連父母也稱讚，那個威風凜凜的古代日本武士，像是由毛筆細細描繪出輪廓，再塗上水彩，一點都不像出自一個11歲小孩的手筆。

　　尼可當天還有另一個客人，他是尼可的同班同學，長得

像中西混血兒，體型很明顯的比尼可小一號。因為他的存在以及我的關係，尼可被母親訓了話：「尼可，你今天很沒禮貌！」這個小客人是特地來陪尼可打電動的，一個分神就會被對方炸掉，尼可為了贏他，全神貫注，就把我拋在一旁了，若不是尼可年紀太小，依紐西蘭的習俗，這可是很不禮貌的待客之道哩！

尼可專心打電動，無論我對他說什麼，他都只聽一半，他的母親表情嚴肅的對他說：「尼可，聽別人說話的時候要專注！」我反倒有點不好意思，好像是自己害尼可被母親訓話，我只好在一旁替他打圓場。

尼可的父親凱文開車送我回宿舍，雖然這次被尼可「拋棄」，但是下次尼可來的時候，我可以想個好法子「報仇」。

不過，當尼可和唐娜依約前來時，少根筋的尼可突然變得無比精明，總是欲擒故縱的「引誘」我去整他，又出其不意的回頭過來對我「奸笑」，還語帶「挑釁」要我別捉弄他，因為他早就看透我的計謀。

尼可充沛的精力，只要與他接觸過的人都知道。這次他大駕光臨，一進門就敲所有室友的房門，要大家出來陪他合照，他看到日本室友美枝的包頭，硬是在她頭上插了兩根筷子，美枝直傻笑，因為她到紐西蘭幾個月，第一次遇到如此特殊的客人。

他看到印度室友阿比在房間內玩筆記型電腦，為了脫離我的「魔掌」，立刻閃入他的房間，門「砰」的一聲關上，當他再度開門，竟然拿著一瓶洗衣粉調製的液體，往我身上吹泡泡，可憐，昨天才洗過的頭髮眼看就要被他弄得濕濕粘粘，我趕緊逃往一樓，誰知道他也追了下來，樓下的室友看我們「一老一小」玩成這副德性，也跟著起哄吶喊，完全忘了宿舍「不得喧嘩」的規定。

好了，泡泡吹完了，尼可仍意猶未盡，雖然想再用別的方法「陷害」我，卻不得不回家了，或許玩得太開心了，我竟忘了把酒瓶扔到後院的大垃圾桶，宿舍管理員曾神經兮兮的問：「是誰在宿舍裡喝酒？」

因為早期曾有學生喝酒鬧事，宿舍嚴格規定不准喝酒，或許是「初犯」，而且平常又乖乖的，管理員只是請室友口頭提醒我不得再犯，並沒有受到嚴格的處置，以為學校可能以此為藉口，拒絕退還200元押金，當我收到學校匯到台灣的退款時，才知多慮。

這就是我和尼可的故事，回到台灣後，偶爾也與他通信，零零落落的內容，讓我「大開眼界」，很難相信英語系國家的少年會寫這樣的信，也讓身邊許多自謙「學不好英文」的朋友，突然有了自信。

看來，這得感謝尼可哩！真是一個難得的「好」朋友。

印度痴情男

兩個人站在一起，由背面看去，還真像是母子。

　　尼許是我的印度室友之一，在紐西蘭的東方技術學院唸廚師，他有一雙大而黑亮的眼珠，高瘦的身材，彬彬有禮、女士優先的紳士風度，他贏得了眾人的好感，特別是他的一手好廚藝，大家都認為能當他的女朋友是一件幸福的事。

　　他有許多女性朋友，但身邊一直沒有女朋友，應該說，沒有一個女孩「疑似」他的女友。

　　珍妮特是尼許的「紅粉知己」，道地的紐西蘭人，因為在東方技術學院學商業，結識了尼許，她是有兩個幼子的離婚婦人，不算是美女，180公分高胖壯碩的身材，倒有一身白晰的雪膚。

　　她的開朗幽默，成為我們宿舍裡的開心果，她只要一笑起來，笑聲一定傳到樓上，甚至門外的人也能聽見哩！她的小兒子馬休長得就像有生命的洋娃娃，是大家爭相「把玩」的小玩具。

　　她和尼許好到什麼程度呢？

　　珍妮特常常帶著兩個兒子到宿舍，接尼許到她家玩，假

日一起出遊，也曾帶馬休在我們宿舍裡留宿。珍妮特的兩個兒子十分喜愛尼許，久而久之，也養成了依賴，一進宿舍，就探頭探腦的要找尼許，若和珍妮特出遊，馬休也是由尼許抱著。

馬休是宿舍裡的貴客，但不知怎麼的，他不喜歡女性，除了母親和奶奶外，其他的女性一律敬謝不敏。我第一次見到在地上爬來爬去的馬休，想把他抱在手上玩，誰知他竟然把我的眼鏡給摘下來，往地上丟，還好我反應靈敏，不然眼鏡早就破了。每當他被女孩子碰到，就會做出委屈的表情，躲到尼許懷中，要尼許親親他，並用警戒的眼光看著對方。

尼許的廚藝有職業水準，珍妮特最喜歡吃尼許烤的黃金雞腿，尼許的烤雞腿香味不是只有表皮，而是全滲透到厚厚的雞肉塊，我也曾依樣畫葫蘆的學他烹調雞腿，卻不小心被高溫烤箱燙了手，讓我老是被室友們取笑，那個傷疤到現在還沒完全消失哩！

有一天，我看到尼許很失落的坐在電視機前，連說「Hello」也有氣無力，這跟平常的他不太一樣，我不習慣探究別人的心情，沒去追問他，到底發生了什麼事。

當天晚上我和紐西蘭室友瑪琳一起做晚餐，瑪琳提起，尼許昨天跟珍妮特散了，心情非常低落，但我很「白目」的說：「朋友吵架，是很正常的事，不用太過掛心，說不定明

天珍妮特又帶著馬休來玩了！」

瑪琳很驚訝的說：「妳不知道他們是男女朋友嗎？」

我覺得不可思議：「什麼？他們是情侶？我一直以為珍妮特是尼許的女性朋友！」

我才恍然大悟，比尼許大7、8歲的珍妮特是他的女朋友，他們在前2天分手了，沒有對和錯，只是珍妮特不願跟尼許在一起，希望二人分道揚鑣，尼許很想挽回她，但珍妮特不願復合，尼許為此心情低落，什麼事都不想做，也沒心情上課。

瑪琳說：「尼許真的很愛她！唉！這幾天，尼許的心情差極了。」

以年齡和外型來看，尼許正當青年，屬於帥哥級的人物，而珍妮特已30多歲，生過兩個孩子，身材早已變形走樣，我請瑪琳勸尼許，既然珍妮特決定離開他，不如轉換心情，試著與其他的女孩子交往，若珍妮特吃了秤陀鐵了心，就不可能再與尼許重修舊好。

一連數日，尼許仍是渾渾噩噩、精神渙散，對任何事都提不起勁，我就知道瑪琳勸解無效，尼許心中還是只有珍妮特一個人。

不了解珍妮特的人，都很難置信尼許竟然對這個離過婚、年齡相差懸殊，又不怎麼漂亮的女友痴戀至此，更有人

說他是戀母情節發作,兩個人站在一起,由背面看去,還真像是母子。

　　尼許與珍妮特交往並用情至深,當然不是以美貌為標準,珍妮特不是辣妹,但她開朗的性格贏得了好人緣,有她在的地方總是笑聲不斷,絕無冷場;她曾在宿舍裡借宿,第二天起床就發現她把宿舍打掃得亮麗如新,也不准我謝謝她,她說她是當媽媽的人,看到有點髒亂的屋子,就忍不住把它打掃乾淨。

　　珍妮特的魅力,就像陽光一樣的傳播給每個人,她雄偉的身材,給人一種溫厚踏實的安全感。

　　珍妮特與尼許分手後,宿舍裡頓時冷了許多,這就是珍妮特的「重要性」,連我也不知不覺地依賴她,依賴她帶來的歡笑,依賴她帶來的幽默,難怪尼許少不了她,難怪其他的女孩無法取代。

　　有一天,珍妮特突然又帶著兩個孩子來到宿舍,尼許興奮的表情是無法掩蓋的,他一把抱起長大了許多的馬休,跟室友們說:「今天晚上不回來!」就跟珍妮特上了轎車。

　　從那天起,尼許總算恢復正常,不再愁眉苦臉,一直到我回國那段期間,珍妮特沒來過我們宿舍,但我常接到她給尼許的電話,可想而知,他與珍妮特的關係「雨過天青」。

我的「非法」打工

我曾猜想，以後會不會把炒蚱蜢也端上桌？那我可要逃了。

　　遠避塵囂來到紐西蘭的鄉村，生活步調悠閒而緩慢，在台北，常感到24小時不夠用，一到了紐西蘭，不到一星期，竟然覺得時間好像太多了！無所事事的時候，常一個人躲在後山樹林裡發呆，或到河濱公園盪秋千，到小牧場嚇嚇那些膽小的牛羊。

　　我的簽證不能打工，我也從不敢想自己能在紐西蘭擁有一份工作，原定計畫是自己找事做打發時間，誰知一份家教工作就這麼落在我身上了。

　　一個遊學生在紐西蘭待了1年，結識了當地的華人家庭（廣東移民），在對方盛情邀約下，當了華人小男孩的家教，回台前，他突然問我想不想在紐西蘭打工？我眼睛一亮：「當然好啊！」我是他們私下聘請的家教，酬勞是現金給付，不會有違法打工吃上官司的問題。

　　聽到有錢賺，二話不說答應下來，我曾在幼稚園打工，也做過小學生的家教，自認對小孩子很有辦法，直到遇上這位「前無古人，後無來者」的「壞」學生，真的讓我「機關

算盡」才成功的制住他。

他的英文名字叫雷恩,剛滿9歲。

以台灣的標準來看,這位「壞」學生,是我教過的小孩當中,智商最高,但最不用功的一個。

首先,第一堂課,我就被他給騙了,他說,洋人小孩都不會自己寫作業,他們會要求父母把答案寫在紙上讓他們抄,我竟然傻傻的相信,他能寫的部分我讓他自己寫,他最寫不來的英文造句,我就寫下來給他抄。

雷恩的父母都是道地的廣東人,舉家移民到紐西蘭,他們要求孩子要學中文,甚至寧可學台灣版的正統繁體中文。教雷恩中文,也讓我頭痛不已,剛開始,我希望能用唐詩來引發他的興趣,第一天就教他背「回鄉偶書」,一堂課上下來,我發現他的中文閱讀能力幾乎是零,沒辦法,我只好從頭教起。

因為他對中文一點興趣也沒有,教了幾星期的注音符號,他全還給我,甚至一個也記不住,與其說他不喜歡中文,觀察了一陣子,發現他根本不想讀書,就像許多台灣小學生被望子成龍的父母押著上補習班一樣。

他常常問我:「妳能不能趕快回家?我很忙耶!」

很忙?我當然不信他,因為紐西蘭小學生一星期的功課比台灣小學生一天的功課還少,雷恩所謂的忙,不過就是狂

看卡通罷了。

　　不想上課的時候，他的頭號把戲就是「鬧」，鬧得我不能上課，他雙腳縮在椅子上，身體東搖西晃，嘴裡中英夾雜唸唸有詞，還有不少 F 開頭的粗話。耐性被他磨光後，我只有扮黑臉來兇他，我發現他的第二號把戲，就是「哭」。

　　那一次，他又開始躁動不安，我提高嗓音命令他：「安靜！」不到兩秒鐘，就發現他的眼角含著淚光，嘴巴嘟起來，眼淚就這麼掉下來，好像受了極大的委屈，也顯示了我的「殘忍」。

　　教他愈久，才發現，「哭」也是他的法寶，要是不順他的意，就是先吵鬧後哭泣，對照很少哭哭啼啼的紐西蘭兒童，我還真的被他打敗了，最麻煩的是，對他好一點，要求鬆一點，他就賴皮，開始嘻鬧，為了控制他的頑皮行為而擺黑臉，他就嚇得哇哇大哭。

　　遇到這種矛盾的學生，課還是要上，我的習慣是，罵完後曉以大義，他有時點頭說以後會聽話，有時則完全當作耳邊風，幸好我發現他特別怕媽媽（我們都叫她冰姐），只要把冰姐搬出來，他幾乎就會安靜，乖乖聽課。

　　但他非常聰明，發現我不會真的去告狀，又開始賴皮了，我只好當他的面，向冰姐「申訴」，並故意加油添醋，明理的冰姐會意，故意配合我演戲，說要跟我好好討論如何處

罰雷恩這種「全世界最壞」的小孩，我發現在一旁的雷恩真的徹底嚇到了，蹲在一旁哭得像淚人。

我抓住這個時機，把他拎回房間上課。一個月下來，每天看他嘟嘴瞪眼，也發現他比女孩子愛哭。擔心他女兒態，會影響到學校的人際關係，我故意問他：「姐姐買芭比娃娃給你好不好？」

幸好他大力搖頭抗議，說他不喜歡女孩子的玩具，他打開櫃子請我看看，裡面有一大堆樂高玩具，還有一些假手槍、假戰車、飛機模型，都是他自己拼裝組合的。看到他櫃子裡的男生玩意，我才鬆了一口氣，至少，他絕不是我最害怕的娘娘腔。

這一次，也是我進一步認識他，發現他可愛的地方。

雷恩最可愛的表情，就是請你吃東西的時候，那種自然流露的好客與熱情，好像你不吃就是不給他面子，所以，在他們家當家教，我每天要吃4餐。

最「可怕」的一次，雷恩竟然逼我吃「韭菜炒蛹」。

那一次，雷恩退休的外公外婆（我們習慣稱呼他們公公婆婆），由廣東來到紐西蘭渡假，順便幫冰姐帶小孩和料理家務。

廣東人一向喜歡吃野味，這次竟然連「韭菜炒蛹」都端上桌，吃得不亦樂乎。看著被醬油炒成咖啡色的蛹，我連看

都怕,更不要說放到嘴裡咀嚼,雷恩偏偏又古靈精怪,夾了幾個蛹到我盤裡,故意說他要看著我吃下去,不然他今天就不上課,看著對面的公公婆婆津津有味的咀嚼著「人間美味」,我是一點胃口也沒有,就連其他的好菜也吃不下去。

幸好,在往後的家教生涯,並沒有再吃到什麼驚人的食物,我曾經猜想,以後會不會把炒蚱蜢也端上桌?那我可要逃了。

我和雷恩這一個月來相處得很好,他表現得好,我也不需要花時間訓他,他的華語進步得很慢,倒是數學的天分不錯。教了他兩個月後,我決定訓練他自己寫作業,但這也讓我和他起了很大的衝突。

會逼他自己寫作業,有2個原因,其中一個是,他的老師發現雷恩的作業一定不是自己寫的,而是由一個外國人來幫忙。老師之所以會發現,是因為雷恩作業薄上的造句,文法的排列非常整齊,完全遵循著規則,不像是Kiwi小朋友的思考模式。我沒見過這位老師,但我佩服他敏銳的觀察力。

再來就是,我終於發現自己被他騙了!那時我已認識比雷恩大兩歲半的尼可,有一次又在公園遇到他,我突然問他:「你的作業是自己寫的嗎?」尼可說:「作業當然是自己寫的,遇到困難再問媽媽,同學也是這樣啊!」我再向尼可探問小學生的學習狀況,我徹底了解,紐西蘭的小學生已

有義務為自己的課業負全責,而不是依賴他人代為完成。

我一如往常準時來到雷恩的家,要雷恩練習獨力寫作業,我以為雷恩會用請求或撒嬌的方式要我教他寫,沒想到,他竟然激動地大哭大鬧:「我又不是鬼佬,為什麼要自己寫作業!」這一哭,幾乎很難停得下來,我很清楚雷恩的個性,好言相勸只會讓他變本加厲,偏偏唯一能制服他的冰姐不在家。

他的話讓我很意外:「妳又不是我的老師,為什麼我要聽妳的?」他拼命地拍打桌椅,作業薄也摔到地上。

我心想,不行,這孩子要好好的再教育才行。我想起自己在雷恩這個年紀的時候,就已經沒有童年,除了還不需要打工之外,所有的事都得自己面對,即便外在環境是多麼殘酷,也只能逆來順受,而雷恩過得很幸福,父母對他極為疼愛,也深深明白「會吵的孩子有糖吃」的道理。

我對雷恩反叛的態度十分感冒,命令他把薄子撿起來,這次給他一個很嚴格的處罰,就是不教他寫作業,而要他罰寫「Be Polite」100遍,並要他反省自己的錯誤。他幾乎哭花了臉,好像被施以十大酷刑,作業薄上都是他的眼淚,要是這時候一個教育專家跑來,一定會以為我虐待兒童。

我問他,知錯了沒,他不情願的點頭道歉,我要他自己說出什麼地方做錯,他一邊哭一邊說:「因為我不禮貌。」

　　原本以為，他應該可以乖一陣子，沒想到，那天下課，下著傾盆大雨，我卻發現傘不見了，我的直覺：「又是那小子搞的鬼！」我進門看看雷恩在做什麼，發現他淚痕未乾的臉上帶著笑容，正在看卡通。

　　我問他：「你知不知道偷藏別人的東西是不對的？」

　　雷恩一臉得意，哼一聲卻什麼都不回答，顯然是不甘心自己被處罰。我把他的電視關掉，說要是不把雨傘還我，就不准他看電視。雷恩這才心不甘情不願的把雨傘拿出來給我，不，是丟出來給我。

　　看到雷恩「勇於認錯，死不改過」的模樣，我決定再給他一個處罰，我拿走他的搖控器，要他回房間再罰寫「Be Polite」100遍，原本他賴皮不肯照做，我裝腔作勢拿起電話：「我馬上打電話給你媽媽！」

　　把冰姐搬出來，果真有效，他乖乖地回房接受「應得的懲罰」，當然，那100遍的罰寫，也是在哭哭啼啼中完成。

　　雷恩的情緒一向不穩定，簡直是將「喜怒無常」的特色發揮到最高點。最能引起他興趣的，就是「說故事時間」。他總是擺著臭臉上完華語課，哈欠連連地做完數學習題，然後就像解脫一樣的把漫畫拿到我面前，要我講故事給他聽。

　　他聽故事的時候，一點也不吵鬧，反而變成全世界最具學習精神的好學生，勇於發問「大雄為什麼那麼笨」，樂於思

考「哆啦Ａ夢對大雄的存在意義」，最後他有了自己的結論：
「我也要一個哆啦Ａ夢！」

　　幫他上課愈久，愈覺得這筆家教費難賺，幸好冰姐是一個明理的媽媽，她了解雷恩鬧起來無法無天的個性，也認同我對他「嚴而不厲」的教法，只是雷恩乖了半個月後，又開始皮了，只是，這一次他不是用吵鬧的，而是用紐西蘭的法律來「警告」我。

　　我那一天仍是準時到他家，雷恩拿出跳棋：「我們先來玩跳棋，不要上課！」想當然爾，他的要求不會得到同意，他把跳棋一摔，又氣得跳腳，坐到椅子上，死也不肯把功課打開。看到他江山易改本性難移，我說：「要是你現在在台灣，已經被打了。」

　　他斜眼看我，似笑非笑（一般人很難相信小孩子會有這樣的表情），一派我制不了他的得意模樣，把腳翹到桌上：「紐西蘭不能打Children耶！」

　　我不吃他這一套，把他的腳扳下來：「是嗎？」

　　他料定我不會打他：「妳敢打我，警察會把妳抓去關。」

　　我嚇他：「是哦！我會很用力很用力的打你，卻讓你一點傷口都沒有，沒人相信你被打了。」

　　他不甘示弱：「我會去告訴警察。」

　　我裝出毫不在乎的態度：「你全身都沒傷口，別人不會

認為我打了你,還會認為你瘋了,把你關到精神病院。」

　　好強的雷恩又回嘴:「我就哭得很大聲,把鄰居引來。」

　　我嘻笑:「那我會打得更大力!」

　　雷恩輕輕一哼:「那妳要被關。」

　　這次換我瞪他了:「只要能揍你,被警察抓也值得,不要等警察來抓我,我會自己去自首。」

　　我又把他嚇回去了,看來,幫雷恩上課,不能只有接招,還要適時出招才行。突然想起,小時候長輩總是說:「小孩子不懂。」其實這樣的認知是有問題的,小孩子懂的事情比大人少,但絕不是「不懂」,大人有的感受他們都有,差別只在於表達能力及方式而已。

　　當我把這段對話模擬給朋友聽,大家都說,我是不是香港片看多了,竟然想得出這種變態的應對方式。

　　跟雷恩相處,除了師生間的「鬥法」,還有許多有趣的小插曲,就拿「看圖說故事」的課程來說好了,那一次,我拿了圖畫字典來幫雷恩加強英文字彙能力,本來一直上得好好的,雷恩也十分興趣,翻到一頁,他突然把一個插圖遮起來,說:「妳不能看這個!」

　　我以為雷恩又要搗蛋,不然就是不想上課,原來,他遮住的插圖是一個上身赤裸只著長褲的青少年圖片。

　　「我是男生可以看,妳是女生還偷看,羞羞臉!」那天下

課後，我把圖畫字典塞到背包裡，他竟然說：「厚厚厚，妳會長針眼！」

雷恩還口沫橫飛的說，這是媽媽教的：「男生可以看男生，女生只能看女生！」

這時候的雷恩，是有始以來最可愛最懂事的，我好奇的詢問他：「媽媽還有教你什麼？」

雷恩說，媽媽還教過他，好男生一定要「Lady First」，走路的時候讓女生先過，要幫女生開門……。說真的，我原本以為雷恩最可愛的模樣就是這個樣子，然而，再跟他多相處2個月，更發現他可愛的地方比「可惡」的地方多很多。

後來，我應冰姐要求，幫雷恩上電腦課，那一次正好公公在裡面睡覺，雷恩一拉開門就立刻阻止我進門：「不能進來，妳要站外面，不能偷看！」他神秘兮兮的把門帶上，我聽見他對公公說：「公公把長褲穿起來，姐姐在外面」。

正好，公公睡飽起床，把房間讓出來給我們，我先教雷恩怎麼搜尋玩具的網站，點進一個玩具購物網，竟跳出一個限制級的視窗，雷恩狂叫一聲：「不看不看！」然後就躲到棉被裡，好像受到極大的「驚嚇」。其實，以成人的眼光來看，那不過是一個穿著比基尼的噴火女郎，雷恩的表現，實在讓人覺得很搞笑。

看來，雷恩確實是一個可塑性很高的小孩，只是要勞煩

父母和家教老師多費點心思。再怎麼皮，也不過是一個孩子，心思還是很單純。

等我快回台灣的時候，我假裝騙雷恩：「你太壞了，我不想教你！」雷恩就開始「番」，說他一直都很乖，以後會更乖，求我不要回國，不然，他的新老師就是一個恰北北的中國女孩了。

這小子，終於知道我對他多好了吧？只是，他再怎麼留戀也沒用，機票早就買好了，我馬上要走人，只能以後再聯絡嘍！

與雷恩相處的5個月，我也曾百思不解，他的性情怎麼會這麼奇特？

站在他的立場著想，他的壓力是很大的，他的家庭，以中國的方式在生活，出了門，就是Kiwi的世界，他要學紐西蘭的一切事務，也不能忘卻自己的根是在廣東，紐西蘭的小學生放學後，不是在戶外玩耍就是在家看卡通，而他卻要補習。

西方國家難免有排華的現象，在紐西蘭的同學眼中，他的英語再怎麼道地，永遠是他們口中的「Chinese」。他在學校的表現，必須做得比別人好，懂得比別人多，才能降低被歧視的風險，他所承受的心理壓力，自然比其他同齡兒童大很多。

　　雷恩經歷過的家教老師，都曾因為他的「不受教」而生氣罵他，甚至有位脾氣較硬的男老師還大膽挑戰紐西蘭的法令，雷恩不乖的時候真的一巴掌過去。

　　回國後，偶爾由別的老師口中聽到雷恩的消息，聽說雷恩開始學台語了呢！

詭異的氣候

十分鐘內體驗四季，經歷時晴時陰時雨的變幻。

　　如果說英國的氣候「多變」，紐西蘭的氣候，只能用「詭異」來形容。

　　紐西蘭四周臨海，受氣流影響頗深，氣候變化難測，像是被施了魔法一般，想在10分鐘內體驗四季，經歷時晴時陰時雨的變幻，一定要到紐西蘭走一趟。當你悠閒地漫步在陽光下，卻突然風雲變色，雷雨交加，刮起狂風吹壞了雨傘，5分鐘後，天氣又突然放晴，剎時陽光普照，若不是地面濕潤，可能會以為，今天不曾下過雨。

　　紐西蘭的氣候，讓我花了不少時間適應，也曾聽身邊的亞洲朋友怨聲載道；我選擇內皮爾作為在紐西蘭的定居地點，原因是內皮爾產葡萄酒，必然有良好的氣候條件，我在二月初到達內皮爾，正是天氣最好的時刻。

　　雖然白天超過30度，但空氣中彷彿飄著微涼的粒子，又好像有一台隱形風扇別在衣襟上，迎面吹來的風乾淨而涼爽，即使烈日當空，也不感覺燥熱，而晚間，就迅速降為17、18度適溫，讓人很容易入睡，完全不需要冷氣設備。

　　紐西蘭就位在臭氧層破洞的下方，太陽直接曝曬特別刺眼，像是突然刺破天空，又毫不留情地烙在人身上。曾經在大晴天打起雨傘，但街上的紐西蘭人都投以奇怪的眼神，因為紐西蘭人崇尚自然，完全不怕太陽曬，下雨天也不打傘，轎車不裝窗簾，街上突然冒出一個晴天打傘的「怪客」，理所當然投以好奇的眼光。

　　以我南北島都玩過的經驗來看，南島比北島冷得多，特別是靠山而居的地方，即使是秋季也冷得透澈，旅館有提供棉被，但對亞熱帶國家的人來說，實在是少得很殘酷，幸好我有先見之明，把睡袋帶在身上。

　　我和智惠一起遊南島，來到南島南端的皇后鎮，幾乎把所有飽暖的衣服都往身上套，走在皇后鎮最熱鬧的市中心，好像是兩個太空人，但身邊來來往往的紐西蘭人，有人只穿

著薄襯衫，即使是突然下雪，他們也不覺得冷。

　　那一年的紐西蘭，冬天提早報到，六月份的南島已有暴風雪。紐西蘭在六月份進入冬季，即使在內皮爾，也脫離不了寒流，10根手指僵硬得像冰柱，聽說還有人凍到手掌冒煙，冷風迎面呼嘯撲來，無孔不入地由衣服的空隙鑽入人的身體，外套、毛衣、夾克，都不足抵擋紐西蘭的寒冬，有許多亞洲人都紛紛穿上羽毛衣。

　　宿舍裡的暖氣運作2個小時就會自動關機，必須自己再開，有的廉價旅社所提供的暖氣，竟然是每半小時就關一次。有些怕冷的人，總會在三更半夜用鬧鐘提醒自己起來開暖氣。

　　回台灣後，想起紐西蘭的冬季，仍不免「心驚膽寒」！

紐西蘭旅遊需知

警察語重心長的說：「用你的大腦想想，怎麼可能百分之百
安全？」

　　紐西蘭號稱「最後一塊人間淨土」，治安良好，民風純
樸，人民友善……。

　　但拜訪過內皮爾的小警察局，發現不盡然如此。紐西蘭
只是犯罪率低，不代表沒有壞人，警察局內，牆壁上貼違規
觸法者的照片貼得滿滿的。雖然紐西蘭的警察不配槍，還會
悠閒地在辦公室裡泡咖啡或與寵物玩耍，但一位內皮爾警察
語重心長的說：「用你的大腦想想，怎麼可能百分之百安
全？」

　　紐西蘭的政府很懂得照顧人民，所提供的優質福利確實
大大降低了社會問題，曾聽一位移民的華人媽媽說，紐西蘭
沒有乞丐，因為失業者每星期都能領到兩百元紐幣的津貼，
至少餓不死，就不需要到處流浪乞討了，但這種好福利也造
就許多好吃懶做、不願上工只想領福利金渡日的國民；近年
來移民者大量湧入，也使治安有走下坡的趨勢。

　　最安全的地方也會有危機，治安最混亂的城市也有溫情，秉持「注意安全」的原則能保障自己旅途平安愉快，但也不需要過度擔心或預設太多危險立場讓自己寸步難行。

　　把握幾個大原則，紐西蘭的旅遊、遊學、打工……，都能非常單純：

　　一‧天黑了不出門：

　　特別是單身女子，天暗了盡量待在宿舍或旅館，若玩得太晚，又無人接送，寧可打電話叫計程車，勝過自己走回去。紐西蘭的計程車大多要用電話叫車或事先預約，安全性較高。

　　近年曾有一個台灣女遊學生差點受害的案例，這名學生認為紐西蘭很安全，太陽下山後仍放心地在杳無人煙的街道上逗留，結果就被歹徒盯上，意圖侵犯，若不是警察巡邏，立刻將歹徒逮捕，這位粗心的遊學生已受害。

　　二‧財不露白：

　　「財不露白」雖然是基本安全原則，出了國才知，不見得每個人都會遵守，聽紐西蘭當地的接待家庭提起，他們招待過富裕的亞洲留學生，一到紐西蘭就買下昂貴的跑車代步，全身名牌，出手豪闊，完全不知收斂，甚至把嬌生慣養的習性帶到寄宿家庭，無法融入紐西蘭簡單的生活，自認為自己

被凌虐。

　　這類學生不受當地人民歡迎是小事，但成為歹徒眼中的肥羊，只有欲哭無淚的份了；另一方面，當地人民通常不是很富裕，看到招搖過市的亞洲人，多少有點眼紅。

　　三・隨身攜帶地圖：

　　到一個陌生的城市，別急著玩，先到遊客諮詢中心拿一份免費簡易地圖。

　　四・告知行程：

　　若是遊學生申請假期外出旅遊，先向校方、寄宿家庭或宿舍室友們報備。

　　五・把英語練好：

　　很多旅遊玩家對這個觀念嗤之以鼻，認為真正的旅行者，不侷限於語言的隔閡，但語言能力佳能提升自信，知道自己有能力求助，而非只是比手畫腳或倚賴翻譯人員，錯過黃金時機。

　　一個人不可能在一夕之間學會各種語言，就連英語，也無法在國際之間通行無阻，但以目前的國際趨勢看，通英語和華語的旅人，在緊急狀態下最容易找到翻譯人員。

　　六・自助旅行並非唯一的選擇：

　　自助旅行，聽起來十分浪漫，回國後也得到更多的讚嘆

聲，但事先需要做充份的準備，風險性較高，旅費也不見得便宜。現代人生活忙碌，若無暇收集資料，語言又不通，不願承受背包客的未知風險，選擇無憂無慮跟團走，一樣享受得到旅遊的樂趣。

七‧錢不要帶太多：

拿皮包掏錢是個危險動作，容易被人搶。

紐西蘭人大多使用現金卡來購物，但現金卡每刷一次都要扣微薄手續費，不想開戶的短期旅人，可充份利用旅行支票與信用卡。再者，外國人無法模仿中國字，使用簽名式信用卡，並事先在旅行支票上簽名，可以給自己多一分保障。

八‧重要文件要影印數份：

出國前，我有一個習慣，就是把所有的證件、文件影印三份，正本放在身上，影本分別放在小行李和大行李內，最後一份留給家人保管。

千萬不要小看這個動作，有時候正本丟了，只有影本能協助你輕鬆補辦新證件，也省去經辦人員的人力。

九‧記得帶常備藥品：

在紐西蘭，看診必須預約，而且路上都看不到診所。出國前，我習慣向附近的診所要一份常備藥，免得重感冒卻找不到醫生。有時也會做個簡易體檢，需要補牙或換眼鏡都在

台灣完成。

　　國外看牙十分昂貴，而台灣的健保十分貼心；至於眼鏡，因為紐西蘭風光明媚，很少人近視，眼鏡自然成了奢侈品，而我是個有「深度」的人，連眼鏡都準備兩副。

　　十‧記住求助管道：

　　威靈頓（Wellington）和奧克蘭（Auckland）都有台北經濟文化辦事處，責任在幫助留學、遊學生，有需要可向他們求助。再者，紐西蘭的緊急求助電話非常好記，只要撥打111，就能聯絡警察局、救護車，手機或公共電話撥打均可。

　　十一‧買個旅遊平安險：

　　國人已有保險觀念，但現有的保險對國外旅遊不見得足夠，建議再買個旅遊平安險，保障範圍應涵蓋醫療、意外、死亡的理賠，投保之前，務必先閱讀理賠方式（例如要準備哪些文件），回台後才不致無法申請。

　　十二‧善用旅遊服務中心（Information Center）：

　　紐西蘭的觀光業發達，每個城市市中心都設有Information Center，對自助旅行者非常貼心且方便，甚至產生依賴。舉凡收集旅遊資料、安排行程、訂房、預訂交通工具，都能在此完成。紐西蘭總能吸引大量觀光客，不只是獨特的風光，更重要的是他們對觀光客設想周到。

後記

　　隨著年紀、歷練的增長，看遍來來去去短暫駐足的旅人，我已習慣每一次的道別，還是會對他們說再見。但我更相信，有緣在遙遠異國相逢的旅人，總有一天會在世界某一角落不期而遇，其實連說再見都是多餘，旅人的生活總是充滿驚喜，平靜無波時，總會有人不期然吹皺一池春水。

　　不知道明天會在哪裡，不知道明天會與誰相遇，帶來的可能是驚豔的火花，或者淡淡的哀愁，我只知，在生命的旅途中，又添了一筆色彩，不願附庸風雅的把自己比喻做天涯遊子，也難以為賦新辭強說愁的把自己比喻為無根浮萍，旅遊，只是不想留下遺憾，我看世界，世界也在看我。

　　旅遊，有太多未知數，既然不確定，就別急著找答案──答案自己會來找你。

大都會文化圖書目錄

●都會健康館系列

秋養生─二十四節氣養生經	220元	春養生─二十四節氣養生經	220元
夏養生─二十四節氣養生經	220元	冬養生─二十四節氣養生經	220元
春夏秋冬養生套書	原價880元，特價699元		

●SUCCESS系列

七大狂銷戰略	220元	打造一整年的好業績─店面經營的72堂課	200元
超級記憶術─改變一生的學習方式	199元	管理的鋼盔 ─商戰存活與突圍的25個必勝錦囊	200元
搞什麼行銷 ─152個商戰關鍵報告	220元	精明人聰明人明白人 ─態度決定你的成敗	200元
人脈＝錢脈 ─改變一生的人際關係經營術	180元	週一清晨的領導課	160元
搶救貧窮大作戰の48條絕對法則	220元	搜精·搜驚·搜金 ─從google的致富傳奇中，你學到了什麼？	199元
絕對中國製造的58個管理智慧	200元	客人在哪裡？─決定你業績倍增的關鍵細節	200元
殺出紅海─漂亮勝出的104個商戰奇謀	220元	商戰奇謀36計 ─現代企業生存寶典Ⅰ【勝戰篇·敵戰篇】	180元
商戰奇謀36計 ─現代企業生存寶典Ⅱ【攻戰篇·混戰篇】	180元	商戰奇謀36計 ─現代企業生存寶典Ⅲ【併戰篇·敗戰篇】	180元
幸福家庭的理財計劃	250元		

●CHOICE系列

入侵鹿耳門	280元	蒲公英與我─聽我說說畫	220元
入侵鹿耳門（新版）	199元	舊時月色（上輯＋下輯）	各180元
清塘荷韻	280元		

●禮物書系列

印象花園 梵谷	160元	印象花園 莫內	160元
印象花園 高更	160元	印象花園 竇加	160元
印象花園 雷諾瓦	160元	印象花園 大衛	160元
印象花園 畢卡索	160元	印象花園 達文西	160元
印象花園 米開朗基羅	160元	印象花園 拉斐爾	160元
印象花園 林布蘭特	160元	印象花園 米勒	160元
絮語說相思 情有獨鍾	200元		

●FORTH系列

印度流浪記─滌盡塵俗的心之旅	220元	胡同面孔─古都北京的人文旅行地圖	280元
尋訪失落的香格里拉	240元	今天不飛─空姐的私旅圖	220元

●工商管理系列

二十一世紀新工作浪潮	200元	化危機為轉機	200元
美術工作者設計生涯轉轉彎	200元	攝影工作者快門生涯轉轉彎	200元
企劃工作者動腦生涯轉轉彎	220元	電腦工作者滑鼠生涯轉轉彎	200元
打開視窗說亮話	200元	文字工作者撰錢生活轉轉彎	220元
挑戰極限	320元	30分鐘行動管理百科（九本盒裝套書）	799元
30分鐘教你自我腦內革命	110元	30分鐘教你樹立優質形象	110元
30分鐘教你錢多事少離家近	110元	30分鐘教你創造自我價值	110元
30分鐘教你Smart解決難題	110元	30分鐘教你如何激勵部屬	110元
30分鐘教你掌握優勢談判	110元	30分鐘教你如何快速致富	110元
30分鐘教你提昇溝通技巧	110元		

●精緻生活系列

女人窺心事	120元	另類費洛蒙	180元
花落	180元		

●CITY MALL系列

別懷疑！我就是馬克大夫	200元	愛情詭話	170元
唉呀！真尷尬	200元	就是要賴在演藝圈	180元

●親子教養系列

孩童完全自救寶盒（五書+五卡+四卷錄影帶）	3,490元（特價2,490元）
孩童完全自救手冊─這時候你該怎麼辦（合訂本）	299元
我家小孩愛看書─Happy學習easy go！	220元
天才少年的5種能力	280元

●新觀念美語

NEC新觀念美語教室12,450元（八本書+48卷卡帶）

●FOCUS系列

中國誠信報告	250元

您可以採用下列簡便的訂購方式：

◎請向全國鄰近之各大書局或上大都會文化網站 www.metrobook.com.tw 選購。

◎劃撥訂購：請直接至郵局劃撥付款。

　帳號：14050529

　戶名：大都會文化事業有限公司

　（請於劃撥單背面通訊欄註明欲購書名及數量）

作　　者	蕭　瑤
發 行 人	林敬彬
主　　編	楊安瑜
責任編輯	吳青娥
美術編排	粉橘鮭魚
封面設計	粉橘鮭魚

出　　版　　大旗出版社　行政院新聞局北市業字第1688號
發　　行　　大都會文化事業有限公司
　　　　　　110台北市信義區基隆路一段432號4樓之9
　　　　　　讀者服務專線：（02）27235216
　　　　　　讀者服務傳真：（02）27235220
　　　　　　電子郵件信箱：metro@ms21.hinet.net
　　　　　　網　　　　址：www.metrobook.com.tw

郵政劃撥　　14050529　大都會文化事業有限公司
出版日期　　2006年06月初版一刷
定　　價　　200元
ISBN　　957-8219-54-7
書　　號　　FORTH-005

First published in Taiwan in 2006 by
Metropolitan Culture Enterprise Co., Ltd.
4F-9, Double Hero Bldg., 432, Keelung Rd., Sec. 1,
Taipei 110, Taiwan
Tel:+886-2-2723-5216　Fax:+886-2-2723-5220
E-mail:metro@ms21.hinet.net
Website:www.metrobook.com.tw

Copyright © 2006 by Metropolitan Culture
感謝紐西蘭觀光局與林婉滇小姐提供照片
本書如有缺頁、破損、裝訂錯誤，請寄回本公司更換。
版權所有　翻印必究
Printed in Taiwan. All rights reserved.

國家圖書館出版品預行編目資料

紐西蘭奇異國／ 蕭瑤著. -- 初版. --
臺 北 市：大旗出版 ： 大都會文化發行
, 2006〔民95〕
　　　面： 公分 .— (Forth ; 005)
ISBN 957-8219-54-7(平裝)
1. 紐西蘭—描述與遊記

772.9　　　　　　　　　95002418

請沿虛線剪下，對折裝訂後寄回

北區郵政管理局
登記證北台字第9125號
免　貼　郵　票

大都會文化事業有限公司

讀者服務部收

110台北市基隆路一段432號4樓之9

寄回這張服務卡（免貼郵票）
您可以：
◎不定期收到最新出版訊息
◎參加各項回饋優惠活動

大都會文化　讀者服務卡

書號：FORTH005紐西蘭奇異國

謝謝您選擇了這本書！期待您的支持與建議，讓我們能有更多聯繫與互動的機會。

日後您將可不定期收到本公司的新書資訊及特惠活動訊息。

A. 您在何時購得本書：＿＿＿＿年＿＿＿＿月＿＿＿＿日

B. 您在何處購得本書：＿＿＿＿＿＿書店（便利超商、量販店），位於＿＿＿＿（市、縣）

C. 您從哪裡得知本書的消息：1. □書店2. □報章雜誌3. □電台活動4. □網路資訊

　　5. □書籤宣傳品等6. □親友介紹7. □書評8. □其他＿＿＿＿＿＿＿＿＿＿＿＿

D. 您購買本書的動機：（可複選）1. □對主題和內容感興趣2. □工作需要3. □生活需要

　　4. □自我進修5. □內容為流行熱門話題6. □其他＿＿＿＿＿＿＿＿＿＿＿＿＿＿

E. 您最喜歡本書的：（可複選）1. □內容題材2. □字體大小3. □翻譯文筆4. □封面

　　5. □編排方式6. □其他＿＿＿＿＿＿＿＿＿＿

F. 您認為本書的封面：1. □非常出色2. □普通3. □毫不起眼4. □其他＿＿＿＿＿＿＿＿

G. 您認為本書的編排：1. □非常出色2. □普通3. □毫不起眼4. □其他＿＿＿＿＿＿＿＿

H. 您通常以哪些方式購書：（可複選）1. □逛書店2. □書展3. □劃撥郵購4. □團體訂購

　　5. □網路購書6. □其他＿＿＿＿＿＿＿＿＿＿

I. 您希望我們出版哪類書籍：（可複選）1. □旅遊2. □流行文化3. □生活休閒

　　4. □美容保養5. □散文小品6. □科學新知7. □藝術音樂8. □致富理財9. □工商管理

　　10. □科幻推理11. □史哲類12. □勵志傳記13. □電影小說14. □語言學習（＿＿＿語）

　　15. □幽默諧趣16. □其他＿＿＿＿＿＿＿＿＿＿＿

J. 您對本書（系）的建議：＿＿＿＿＿＿＿＿＿＿＿＿＿＿＿＿＿＿＿＿＿＿＿＿＿

K. 您對本出版社的建議：＿＿＿＿＿＿＿＿＿＿＿＿＿＿＿＿＿＿＿＿＿＿＿＿＿＿

＿＿＿＿＿＿＿＿＿＿＿＿＿＿＿＿＿＿＿＿＿＿＿＿＿＿＿＿＿＿＿＿＿＿＿＿＿＿

讀者小檔案

姓名：＿＿＿＿＿＿＿＿＿＿　性別：□男□女　生日：＿＿年＿＿月＿＿日

年齡：□20歲以下□20～30歲□31～40歲□41～50歲□50歲以上

職業：1. □學生2. □軍公教3. □大眾傳播4. □服務業5. □金融業6. □製造業

　　　7. □資訊業8. □自由業9. □家管10. □退休11. □其他＿＿＿＿＿＿＿＿

學歷：□國小或以下□國中□高中／高職□大學／大專□研究所以上

通訊地址：＿＿＿＿＿＿＿＿＿＿＿＿＿＿＿＿＿＿＿＿＿＿＿＿＿＿＿＿＿

電話：（H）＿＿＿＿＿＿＿＿（O）＿＿＿＿＿＿＿＿　傳真：＿＿＿＿＿＿＿＿

行動電話：＿＿＿＿＿＿＿＿　E-Mail：＿＿＿＿＿＿＿＿＿＿＿＿＿＿＿＿

◎謝謝您購買本書，也歡迎您加入我們的會員，請上大都會網站www.metrobook.com.tw登錄您的資料。
您將不定期收到最新圖書優惠資訊和電子報。

大旗出版
BANNER PUBLISHING

大旗出版
BANNER PUBLISHING